Grâce à son immense talent de conteuse, Eve Ruggieri a su rendre populaire la musique classique en France.
Productrice de nombreuses émissions de radio et de télévision, spécialiste de l'opéra, elle est aussi l'auteur, entre autres, de Mozart, l'itinéraire sentimental, *de* Chopin *et de* L'Honneur retrouvé du marquis de Montespan.

Eve Ruggieri a été l'un des témoins privilégiés de la carrière de Luciano Pavarotti. D'un entretien à l'autre, et au cours des émissions *Musique au cœur* qu'elle lui a consacrées, elle a recueilli les confidences, les bonheurs et les moments d'émotion du grand ténor italien.
Dans cette biographie qu'attendaient avec impatience les admirateurs de cet interprète exceptionnel, Eve Ruggieri perce les mystères de ce qu'il est convenu aujourd'hui d'appeler « le phénomène Pavarotti ». De Caruso à Karajan, de Gigli à Maria Callas, nous découvrons une multitude d'anecdotes drôles ou nostalgiques, réservées jusque-là au milieu si fermé des mélomanes : nous rencontrons ceux et celles qui ont étroitement participé à la carrière de Pavarotti : Mirella Freni, Joan Sutherland, Montserrat Caballé, Richard Bonynge... derrière la haute stature de celui que l'on a surnommé Lucky Luciano. Nous pénétrons, par l'entrée des artistes, dans les coulisses, impitoyables et magiques, des hauts lieux du lyrique.
Eve Ruggieri nous fait ainsi partager le travail acharné, la solitude, les doutes, les joies et les peines, bref tout ce qui a contribué au succès planétaire de Luciano Pavarotti, le plus populaire ténor de notre temps, celui qui a su révéler au grand public les merveilles de l'opéra.

DU MÊME AUTEUR

EVE RUGGIERI RACONTE...,
J'ai Lu, 1986.

MOZART, L'ITINÉRAIRE SENTIMENTAL,
Éditionº 1, Michel Lafon, 1991 ; J'ai Lu, 1993.

L'HONNEUR RETROUVÉ DU MARQUIS DE MONTESPAN,
Perrin, 1992.

EVE RUGGIERI

Pavarotti

ARCHIMBAUD
JEAN-CLAUDE LATTÈS

Pour Ariane, Berthe, Marie-Christine, Claudine, Évelyne, Brice, Michel et toute l'équipe de « Musiques au cœur ». Et pour Franck.

PROLOGUE

« Che faro senza Euridice ? »... « Que vais-je devenir sans Euridice ? », pleurait Orphée dans l'un des plus sublimes andante jamais écrit et qui fit depuis 1762 plusieurs fois le tour du monde ! Un parcours initiatique que j'avais héroïquement entrepris pour retrouver... Pavarotti !

J'appelais New York, il était au Japon. Je téléphonais à Tokyo, il venait de s'envoler pour Milan où l'on me déclarait que, hélas, « Il signor Pavarotti e partito poco fa per Modena ! » A Modène une voix fraîche, mais ferme, m'expliquait que hélas... J'en étais là de mes piteuses investigations lorsque, jetant un coup d'œil distrait par la fenêtre, je crus à une hallucination. Là, sur le trottoir de l'avenue Mozart, Luciano Pavarotti en personne, feutre et pardessus noirs, longue écharpe rouge, sortait de l'immeuble qui fait face au mien. Le destin venait de s'interposer entre l'étoile et la luciole, si vous me permettez cette lumineuse métaphore !

Ce fut le premier rendez-vous d'une série de rencontres qui toutes furent, d'une manière ou d'une autre, magiques.

Il y eut le jour de la leçon au perroquet : Pavarotti riant comme un enfant en tentant désespérément de faire monter d'un ton la voix de « gros-bec », un ara récalcitrant aux joies du bel canto. Ou bien encore Pavarotti, les yeux écarquillés, suivant passionnément un match de base-ball pendant que j'attendais, quelque peu déconcertée, son accord pour un « Musiques au cœur » déjà programmé ! Et puis son incrédulité devant l'annonce spectaculaire, par sa modicité, du cachet que je lui proposais et qu'il accepta !

Mais surtout il y eut Pavarotti venu seul, à quatre heures de l'après-midi, pour répéter avec son accompagnateur le programme du récital qu'il devait donner le lendemain soir à l'Opéra de Bari.

Concentré, infatigable, l'œil attentif à tout : la lumière, la place exacte du Steinway, la sienne. Rectifiant l'orientation d'un projecteur. Chuchotant quelques indications de tempo, indiquant une respiration et subjuguant les « machinos » dont les têtes surgissaient des coulisses au seul son de cette voix bouleversante qui soupirait Euridice !

Euridice... huit notes pour forcer la porte des Enfers et nous déchirer le cœur. Ce jour-là mes préventions contre « la star des stars », « Big P », « le géant du chant », « le roi des ténors », et que sais-je encore, s'effacèrent devant l'humilité et l'incroyable musicalité d'un homme qui allait jusqu'au bout d'une quête qui était toute sa vie.

« Qui ose prêter sa voix à Orphée ? », s'écriait André Tubeuf. « Comment ne pas être foudroyé ? Il n'y faut pas de virtuosité, mais l'évidence de la vertu qui est autrement rare ! »

Et c'est finalement de cela que je veux vous parler : de la vertu considérée comme l'un des beaux-arts par un homme qui a voué sa vie à « enchanter » celle des autres. Un magnifique artiste qui nous rappelle, s'il en était besoin, que sans la présence de l'âme dans le chant il n'y a pas d'émotion et que sans émotion il n'y a plus d'abandon. Cet étrange et incomparable plaisir qui précipite vers les opéras, les stades ou les arènes, les adeptes d'une antique cérémonie où Orphée s'offre chaque soir aux dangereux désirs du public carnivore.

1

L'ENVOL

Reggio nell'Emilia : 29 avril 1961.

La dentelle des cimes apennines découpe un ciel d'azur. Les arbres sont en fleur. La vigne éclate de ses premiers bourgeons, l'air est léger, comme le cœur de Luciano Pavarotti : il a vingt-cinq ans, et il va — enfin — chanter pour la première fois dans un opéra. Jamais il n'a été aussi heureux de sa vie. Bouillonnant, excité, le cœur en fête. Et tant pis s'il n'est pas prévu de cachet pour cette prestation. Le succès, si succès il y a, sera son véritable salaire. Il n'en souhaite pas d'autre. Ce soir, après la représentation, il saura enfin si son chemin s'éclaire...

Pour l'heure, l'euphorie règne dans le modeste hôtel où la troupe est arrivée trois semaines auparavant. Luciano n'a eu besoin que d'une heure de voyage sur une petite route poudrée qui serpente en bordure de la vaste plaine du Pô pour rallier Reggio. Tous, comme lui, débutent. Certains se sont déjà produits une ou deux fois dans des spectacles, lui jamais... Cet engagement, il le doit au concours Achille Peri qu'il a remporté, haut la voix ! Un concours où s'affrontent tous les jeunes chanteurs de sa province. Luciano l'a choisi pour le prix : le lauréat chantera Rodolphe (son rôle préféré) dans une production de *la Bohème*. Au théâtre de Reggio nell'Emilia, à cinquante kilomètres de Modène seulement. Trois mois plus tard. C'est-à-dire ce soir.

Reggio nell'Emilia est connu pour ses deux principales passions : la gastronomie et le bel canto. Deux plaisirs ardemment appréciés par un public de connaisseurs. Alors, pendant la durée des répétitions la troupe s'est entraînée sans relâche, avec passion et enthousiasme.

D'ailleurs, ils jouent *la Bohème* à la scène comme à la ville : dans leur hôtel les garçons occupent une chambre, les filles une autre, avec, au bout du couloir, une salle de bains pour tout le monde. *L'alberghia* retentit à longueur de journée de leurs rires et de leurs plaisanteries. Comme leurs personnages, ils sont tous jeunes, pauvres, mais frémissant d'une merveilleuse joie de vivre, et du fervent espoir de réussir. Au nom de quoi ils ne ménagent pas leurs efforts. Pendant trois semaines pleines, ils ont alterné trois jours de répétitions avec une journée de repos sous la houlette inspirée de Mafalda Favero, soprano à la retraite et amoureuse inconditionnelle de l'opéra selon Puccini.

Chaque minute, chaque heure passée, Luciano a bu ses conseils des yeux, des oreilles et du cœur. C'est que, pour la première fois, ils vont chanter, accompagnés non plus au piano, mais par un véritable orchestre, au grand complet !

C'est le Maestro Molinari-Pradelli qui doit le conduire. Il ne sera là que le soir de la générale, imposant, impressionnant : en Italie, son nom est depuis longtemps une référence. Alors, imaginez le bonheur de notre jeune ténor lorsque le Maestro, pourtant réputé pour l'avarice de ses compliments, a interrompu l'orchestre après la première aria de Luciano, pour dire avec conviction devant toute la troupe :

« Jeune homme, si vous chantez comme cela demain soir, vous ferez un triomphe... »

Demain soir, c'est maintenant. Et ça n'a rien à voir avec tout ce que Luciano avait pu imaginer d'une première. Quand le rideau s'ouvre, il a le cœur au bord des lèvres.

Fiché au milieu de la scène comme une plante verte, affublé du sempiternel costume de Rodolphe — pantalon à carreaux, gilet à ramages et molle lavallière, l'accessoire obligé des poètes —, il se sent pâlir sous le plâtre de son fard, maladroitement appliqué quelques minutes auparavant.

Il a les bras ballants, une mèche qui se veut « romantique » et qu'on lui a tire-bouchonnée sur le front et l'impression d'être aspiré par le trou noir qui s'ouvre devant lui, et qui n'est rien d'autre que son premier et ô combien terrifiant public. On le lui a glissé à l'oreille pendant que l'orchestre s'accordait : la salle est archicomble.

Mais malgré la présence de ses amis, conquis à l'avance, qui sont venus pour l'écouter et l'applaudir, Luciano tremble ! Si ceux de Reggio nell'Emilia découvrent ceux de Modène, les manifestations risquent de tourner à la cabale. Contre lui. Depuis la nuit des temps — tradition italienne oblige — les deux villes entretiennent leurs querelles de clocher... Il y a bien son père, perdu parmi ces vagues silhouettes qu'il discerne à peine, mais cette présence ne le réconforte pas davantage. Fernando Pavarotti, que la nature a doté d'une voix splendide, n'a jamais pu entreprendre de carrière lyrique : le trac le paralysait. Et depuis que Luciano s'est lancé dans le chant, il ne cesse de penser que son fils sera frappé du même mal, le jour de sa première représentation.

Quant à sa mère, elle n'a même pas pu monter dans l'autobus qui devait l'amener à Reggio nell'Emilia. Elle est restée dans le petit appartement de Modène, et en ce moment, Luciano n'en doute pas, elle est à genoux, entourée de toutes les autres femmes de la famille, à prier et à égrener des dizaines sur son chapelet...

Et puis brusquement le silence se fait : le Maestro lève sa baguette. La mélancolique histoire de Mimi-la-Cousette et de Rodolphe-le-poète peut commencer... Et c'est le miracle.

Dès les premières mesures, Luciano oublie le tremblement de ses jambes, la moiteur de ses mains. Aux premières notes de « Che gelida manina », toutes les leçons de ses maîtres lui reviennent synthétiquement : le souffle, le phrasé, la diction, le style. Sa voix s'élève, souple, pure, harmonieuse, tandis qu'il pétrit frénétiquement la petite main de Mimi brûlante de trac, comme lui. Sa prestance compense sa gaucherie. Son désir de séduire lui confère une force surhumaine. Il le sait : c'est sa nuit. Le courant est passé. Le public est entré dans son jeu, s'est laissé séduire, subjugué. Il est en train de vivre le triomphe que lui avait prédit le Maestro ! La foule l'ovationne. Ses partenaires l'applaudissent. Dans sa loge son père l'attend, les larmes aux yeux, ému certes mais... raisonnablement !

« C'était très bien, petit, très bien, mais Gigli était meilleur... »

Beniamino Gigli, l'un des grands de l'« âge d'or » des ténors. Italien, bien sûr. Celui, dont Fernando a collectionné tous les enregistrements soigneusement rangés aux côtés de ceux d'Enrico Caruso, Aureliano Pertile, Tito Schipa, et Giacomo Lauri-Volpi. Des voix magiques que Luciano écoute, les yeux mouillés, dans le salon familial depuis qu'il est enfant. De toutes ces figures mythiques, seul Schipa est encore en vie. Caruso, sans doute le plus célèbre, est mort en 1921. Mais notre jeune chanteur les connaît tous par cœur... Il sent depuis toujours leurs grandes ombres peser sur lui.

Maintenant, il est dans la loge. Le cœur battant. Autour de lui, ses partenaires rient, se bousculent, s'échangent l'unique bouteille de lait démaquillant et de grands lambeaux de coton blanc. On accroche aux cintres les costumes qu'il faudra remettre le lendemain soir. On les couve d'un regard presque amoureux tandis que tous se demandent où ils iront souper, pour fêter cette première, « leur » première.

« Ma » première, pense Luciano, encore enivré par le chant formidable des applaudissements et des « bravos ». Lui aussi se démaquille, ôte ses vêtements, plaisante, interrompu par un homme bien habillé, le visage grave, qui vient d'entrer.

« Bonjour, je m'appelle Alessandro Ziliani. »

Ziliani ? Aucun doute n'est possible, il s'agit bien de l'imprésario associé à la plus fameuse agence artistique de Milan. Un ancien ténor qui court les représentations où passent de jeunes inconnus pour y dénicher les futurs talents.

Depuis quelque temps, Ziliani est sur la trace de Dmitri Nabokov, le fils de l'écrivain, une voix de basse dont on commence à beaucoup parler. C'est pour l'écouter qu'il est venu ce soir. Mais dès les premiers sons émis par Pavarotti, il a oublié Nabokov.

« Quels autres rôles connaissez-vous, jeune homme ? demande-t-il sans préambule.

— Aucun, avoue Luciano.

— Ce n'est pas grave. Travaillez. Travaillez sans relâche, et lorsque vous vous sentirez prêt, téléphonez-moi. »

Luciano n'en croit pas ses oreilles. Ce n'est qu'une promesse bien sûr sans la moindre trace d'engagement, mais il sent que la balle est désormais dans son camp, et puis pourquoi douter de la parole de cet homme ? Quelques heures plus tard, autour d'un somptueux plat de pâtes, on lui explique tout. Ziliani, fin connaisseur en matière de voix lyrique est tout particulièrement intéressé par les timbres de ténors. Sa carrière de chanteur fut courte, mais glorieuse. Il a gravé des disques. Il a goûté à la gloire, sur scène et même au cinéma. Il connaît le répertoire par cœur, et quand il prend un débutant sous sa coupe, il s'en occupe sérieusement avec d'autant plus d'efficacité que les directeurs de théâtre qui respectent son avis lui accordent toute leur confiance... Épanoui, radieux, Luciano boit les paroles de ses amis, rêve avec eux sur l'avenir et cette nuit-là, lorsqu'il s'endort sur les images de son public debout qui l'applaudit, un grand sourire flotte sur son visage.

Ce bel optimisme, les premières heures de la matinée le confirment. A peine vêtu, il se précipite sur la presse locale. Les articles sont nettement plus élogieux que ne le fut son père, la veille au soir : *la Nouvelle Gazette* de Reggio nell'Emilia annonce que « le ténor Luciano Pavarotti a chanté avec un inestimable bon goût, une musicalité vivifiante, et une voix à la fois pénétrante et merveilleusement souple. Il fut sans doute le plus remarqué de toute la troupe ».

On l'aime. La presse et Ziliani ont misé sur son avenir. Luciano a enfin ce qui lui manquait : la confiance des autres, des étrangers, des professionnels, le mortier nécessaire pour construire un avenir lumineux. Et il y croit tellement à cet avenir qu'il décide de prendre un crédit sur son succès futur : il va enfin demander à Adua, sa douce et patiente fiancée, de l'épouser...

***

Adua Veroni, il la connaît depuis huit ans maintenant. Ils se sont rencontrés, comme elle aime à se le rappeler, un brûlant après-midi de septembre. En 1953. Luciano avait dix-sept ans, elle, un an de moins. Ils venaient de quitter le lycée, et s'étaient tous les deux inscrits à l'École normale de Modène, dans l'espoir d'obtenir, après quatre années d'études, leur diplôme d'instituteur.

C'est assez classiquement à l'occasion d'une surprise-partie qu'ils avaient échangé leur premier regard. Adua, conviée à cette fête par un garçon qu'elle trouvait éminemment antipathique, avait tenté de se défiler, et sans l'insistance de l'une de ses amies, elle aurait peut-être manqué le rendez-vous que lui donnait le destin. Et quel rendez-vous !

A peine arrivée, elle avait remarqué la haute silhouette de Luciano, son beau regard brun et chaleureux. Lui, c'est sa robe en vichy rouge et blanc qui avait attiré son attention. Un tissu qui évoquait irrésistiblement les nappes des *trattorias*, lui avouera-t-il plus tard en riant...

Et les écouter relater cette première rencontre, c'est revoir une scène de *West Side Story*. Deux regards qui se croisent. Le monde qui s'arrête.

Luciano qui fend la foule pour approcher Adua. Évidemment, à la fin de la soirée, il va lui demander s'il peut la revoir. Évidemment, elle dira oui, mais — nous sommes en 1953 et en Italie — à condition d'être accompagnée ! Luciano s'incline devant ses exigences : ils se reverront donc, dans huit jours, et au cinéma.

Huit jours pendant lesquels Luciano ne cessera de penser à sa belle, manigançant d'interminables complots pour tenter de se débarrasser du chaperon, qu'il lui faudra, hélas, supporter pendant quelques sorties encore, le temps de conquérir définitivement le cœur d'Adua.

C'est en chantant qu'il compte y parvenir. Et la chance lui sourit. Au cours d'une fête où ils se sont rendus ensemble, et toujours chaperonnés, leurs hôtes insistent pour que quelqu'un entonne un bel air d'opéra ou une chanson traditionnelle. Luciano ne se le fait pas dire deux fois. Il monte sur une table et chante « Rondine al nido ». Les convives sont subjugués. Pas Adua. Elle préfère la musique américaine. Si seulement Luciano avait chanté « Summertime » !

Qu'importe, ils se plaisent, beaucoup. Adua le trouve très mûr pour son âge, très homme, et très éloigné du type cœur d'artichaut... qu'affectent tous les jeunes Italiens, bref, il lui semble fréquentable. Bientôt, à la sortie de l'École normale, au Café Molinari, où tous les adolescents se donnent rendez-vous, ou le samedi soir au dancing Éden, ils sont inséparables. Un an plus tard, ils décident de se fiancer.

Adua n'a plus qu'à attendre que Luciano trouve sa voie. C'est-à-dire une situation qui lui permettra de se marier. Un jour... Bientôt. La jeune femme ne désespère pas. Elle aussi est confiante en l'avenir. Plus brune et plus piquante que jamais. Seule concession à la modernité, elle s'est fait couper les cheveux, ce qui a eu pour effet de renforcer la vigilance des chaperons familiaux. Deux années passent, puis trois, puis quatre. Adua décroche, comme Luciano, son diplôme. Elle est maintenant institutrice, et croit plus que jamais en son fiancé même si elle est la seule de ses amies à n'avoir toujours pas convolé.

A peine de retour à Modène, après cette fameuse première, Luciano court chez elle. C'est dit, c'est sûr : il sera ténor, Ziliani le lui a certifié. Bientôt, les engagements vont pleuvoir. Ils peuvent enfin se marier !

La date du grand jour est fixée. Le 30 septembre prochain. Pendant que Adua publie les bans, court chez la couturière essayer sa robe et établit la liste de ses invités, Luciano travaille tout l'été. Il a choisi deux rôles dans le répertoire. Deux rôles qui conviennent très bien à sa voix : le duc de Mantoue et Alfredo : *Rigoletto* donc et *Traviata*.

Fin août, tout est prêt : Adua, le mariage, le curé de San Faustino de Modène, le riz pour la sortie de l'église et le nouveau répertoire de Luciano. Notre jeune ténor n'a pas oublié la promesse d'Alessandro Ziliani : « Appelez-moi quand vous serez au point. »

Il l'est.

« C'est bon, vous chanterez à Lucca le 14 septembre.

— Lucca ? La ville natale de Puccini ? Et qu'y chanterai-je ?

— Rodolphe dans *la Bohème*. Vous êtes engagé pour deux soirées. Vous toucherez quatre-vingt mille lires pour ces deux représentations. »

***

Quatre-vingt mille lires ! Autant dire une fortune. Jamais encore Luciano n'a été payé. Dans quinze jours, il va se marier et pourra déposer dans la corbeille son premier cachet.

Le cœur en fête, le jeune ténor arrive au Teatro Comunale del Giglio. Sait-on, à Lucca, le triomphe qu'il a obtenu à Reggio nell'Emilia, dans ce même rôle ? Pas vraiment.

En le voyant, le chef d'orchestre soupire :

« Bon, après tout, Ziliani dit que vous êtes un bon ténor. Et s'il le dit, c'est que vous devez être très bon ;

il n'a jamais parlé d'un chanteur avec autant d'enthousiasme. »

Leçon retenue : Luciano comprend maintenant que cet engagement, il le doit uniquement aux efforts de persuasion de Ziliani. D'ailleurs, toute euphorie évanouie, quel directeur engagerait, sans jamais l'avoir entendu, un jeune ténor sur l'unique foi de quelques articles de presse ? Il a fallu toute la conviction du signor Ziliani pour faire passer son jeune poulain.

« En fait, dira plus tard Luciano, Ziliani pratiquait avec moi le principe de la "boîte noire". Mon nom était vendu en prime avec celui des grands de l'époque. »

La méthode est simple. Lorsqu'un directeur artistique lui demande, pour un spectacle de prestige, l'une des « stars » du lyrique que le signor Alessandro a sous contrat, Renata Tebaldi ou Mario del Monaco par exemple, Ziliani susurre, conciliant :

« Très bien, parce que c'est vous, mais uniquement si vous acceptez aussi de me prendre ce jeune ténor... Vous savez, Luciano Pavarotti.

— Mais personne ne le connaît ! »

Et c'est vrai. A Lucca personne ne le connaît. Du moins, personne ne le connaît « encore ». Et la soirée s'annonce mal. La soprano avec laquelle il travaille (il taira toujours son nom) n'est pas une débutante. Loin de là. Elle a fait une carrière très honnête en Italie où son nom jouit d'une notoriété certaine. Mais les années ont passé, et sa voix commence à s'altérer. Elle le sait et en tient pour preuve flagrante ce jeune ténor parfaitement obscur qu'on lui a choisi comme partenaire. Si elle n'était pas sur la pente descendante, aurait-on osé afficher son nom à côté de ce Pavarotti ?

Son exaspération atteint son comble lorsque, pendant les répétitions, la « diva » prend conscience de la perfection avec laquelle Luciano chante l'aria de la fameuse « gelida manima ». Inconnu, mais tout à fait capable de lui ravir l'adhésion du public, réalise-t-elle en foudroyant le jeune Pavarotti du regard. Elle est jalouse. Elle a peur. Elle sait que ce soir, s'il chante comme il l'a fait lors des répétitions, celui qu'elle considère encore comme un petit chanteur de province l'écrasera : à ses côtés, son « Mi chiamano Mimi » n'en paraîtra que plus faible. Alors, elle fait des caprices. Ignore son jeune partenaire. Et Luciano est malheureux. Il ne comprend pas. Les intrigues, les coups bas, les petites mesquineries qui sévissent dans les coulisses, il les ignore encore.

A la façon d'un boxeur sur le ring, il tente d'esquiver les vagues d'humeur de la soprano. Il n'a qu'une seule préoccupation, pendant ces répétitions, éviter que l'orage n'éclate entre lui et la diva — entre Rodolphe et Mimi...

Le soir de la première, Luciano a l'estomac noué. Et s'il chante bien, ayant suffisamment travaillé pour obtenir un résultat satisfaisant, il n'en est pas moins conscient d'être passé à côté de son premier vrai triomphe après celui de Reggio nell'Emilia.

Comble d'angoisse, son père, Fernando, était avec lui sur scène où il interprétait le petit rôle de Parpignol. Comme d'habitude, sa voix s'est étranglée, vaincue par le trac, et l'on a frisé la catastrophe !

De retour dans sa loge, seul et morose, Luciano fait le point. Adua est restée à Modène, sans doute aux côtés de sa mère, à prier. Cette fois-ci, ses amis ne sont pas venus le voir pour l'applaudir. Pour la première fois aussi, sa confiance en lui est légèrement ébranlée : sa voix, sa belle voix, pourrait-elle, même faiblement, même imperceptiblement le trahir ? Il en est là de sa tristesse, quand, exactement comme à Modène, la porte de sa loge s'ouvre.

Mais cette fois-ci, Luciano reconnaît immédiatement le personnage qui s'avance vers lui. Et il n'en croit pas ses yeux. Comme si un dieu descendait de son piédestal pour lui tendre la main. Car c'est bien d'un dieu qu'il s'agit pour Luciano, un dieu adoré depuis sa tendre enfance : Tito Schipa en personne !

Le dernier ténor vivant de l'âge d'or. Bien sûr, la silhouette est voûtée, la chevelure blanchie, et la main qui s'appuie sur le pommeau d'une canne tremble légèrement. Schipa a soixante-douze ans pour l'état civil, mais dans le cœur de Pavarotti, il est immortel.

« Jeune homme, n'écoutez personne ! N'imitez personne ! Continuez seulement à chanter comme vous chantez ! »

Disparue la morosité. Luciano ne touche plus terre. Comment aurait-il seulement osé imaginer qu'un jour l'un des plus magnifiques artistes du monde lyrique reconnaîtrait la qualité de sa voix et plus encore son extrême originalité ? « N'imitez personne ! » Luciano n'oubliera jamais le conseil.

En quelques secondes, tous ses doutes se sont évanouis. Ziliani, Schipa sont à ses côtés ; et dans deux semaines, Adua sera sienne pour le meilleur... car le pire, il en est certain, est maintenant derrière lui. En fermant les yeux, ce soir-là, il laisse les images de ses vingt-cinq premières années défiler dans son esprit : les belles heures de son enfance, et celles, grises et dures, du purgatoire qui l'ont conduit jusqu'à Reggio nell'Emilia, jusqu'à Lucca. Jusqu'au formidable succès qui l'attend... demain, c'est sûr !

Jamais nuit blanche ne lui aura paru si brève.

2

L'ENFANT ROI

« *Dio mio* ! Quel contre-ut ! »

La sage-femme tient entre ses larges mains un nouveau-né gigotant qui piaille à pleins poumons. Derrière la porte vitrée, le papa fait les cent pas. Impatient de connaître le sexe de cette minuscule créature qui hurle si fort que l'accoucheuse a du mal à se faire entendre.

« C'est un garçon ! Oui ! Un garçon. »

Un beau petit diable qui ne cesse de brailler avec une telle ardeur que la matrone en a les oreilles qui bourdonnent lorsqu'elle le remet bien emmailloté dans les bras de sa mère :

« Celui-là, vous verrez, il finira à la Scala. »

Durant des années, chaque fois que Luciano commencera à chanter, Adèle Pavarotti, la maman, ne manquera jamais de rappeler l'opinion prophétique de l'accoucheuse. Oubliant, bien sûr, qu'au pays du bel canto, neuf fois sur dix, c'est cette même phrase qui accueille les premiers cris des nouveau-nés. Mais là, quelle prescience !

L'enfant qui vient de voir le jour est le premier rejeton de Fernando et d'Adèle Pavarotti, italiens tous les deux. Et depuis des générations résidant à Modène, avec un attachement quasi génétique à leur ville et à leur campagne, dont Luciano hérite.

Le 12 octobre 1935 donc, les fenêtres de la maternité largement ouvertes laissent entrer avec un peu de fraîcheur la rumeur des rues. Des cris, des rires, des appels, résonnent sous les hauts plafonds de l'hôpital. Dehors, sur la *Passeggiata*, le petit peuple de Modène se livre à son activité préférée : la promenade. Un véritable rite qui se célèbre autour de la place principale, sur les trottoirs où l'on se frôle et sous de bénéfiques arcades qui protègent les conversations et les badauds de la pluie ou des rayons brûlants du soleil.

Modène est une ville très injustement oubliée. Plantée en plein cœur de l'Émilie-Romagne, elle se console de la trop grande réputation de l'aristocratique Florence, et des somptueux paysages de la Toscane, en se dorant doucement au pied des Dolomites. D'ailleurs, lorsque certains décident qu'elle mérite un détour, c'est assez rarement pour contempler les marbres austères du « Duomo », mais le plus souvent pour satisfaire leur passion automobile : Ferrari et Maserati y ont installé leurs usines. Petite consolation : les gastronomes y trouvent leur compte car Modène sait choyer ses amoureux attentifs. Depuis des lustres, elle leur mitonne quelques spécialités inoubliables : pieds de porc farcis, ce plat traditionnel des fêtes de Noël que l'on arrose du pétillant vin rouge de Lambrusco, le fromage fruité de parmesan, les *cotechini*, ces savoureuses saucisses locales, les pâtes, toutes les pâtes et l'incomparable pot-au-feu, le *bollito misto*. Bref, Modène est une ville où l'on sait vivre, paisiblement, bourgeoisement. Et où l'on peut passer une enfance idéale.

C'est exactement le terme qu'emploie Luciano quand il évoque ses premières années. Le petit immeuble où Adèle et Fernando se sont installés se dresse sur les faubourgs, aux limites incertaines de la ville et de la campagne. Devant la porte, s'étendent à perte de vue des champs de blé et des vignes, ombrés de figuiers et d'ormes. Seize autres familles partagent le bâtiment, tous cousins éloignés ou amis.

L'appartement des Pavarotti est au premier étage. Une cuisine, deux grandes pièces, et les terres alentour pour terrain de jeux. Mais plus tard. Pour l'instant, Luciano rentre de la maternité dans les bras de sa mère triomphante — c'est un garçon — et tout l'immeuble est là pour les accueillir, sous l'œil pétillant de fierté de Fernando.

C'est que Luciano est, depuis dix ans, le premier mâle de cette petite communauté ! La première culotte, même si elle est encore courte, au milieu d'une ribambelle de jupons ! Un vedettariat, qu'il assumera toute sa vie avec le plus grand naturel.

Au premier étage, l'émoi est à son comble : les trois autres appartements sont occupés par deux tantes de Luciano, et par sa grand-mère. Ah ! sa grand-mère ! Une grand-mère mimosa, comme les appelle Marcel Pagnol. Toute douce, et déjà conquise par ce bébé qu'elle ne connaît pas encore. De lui, Nonna Giulia attend, bien au-delà de la tendresse, une véritable résurrection ! Elle a perdu la plus jeune de ses enfants, Lucia, quelques mois auparavant ; la petite fille avait à peine douze ans. Et c'est en souvenir d'elle que l'on appelle le bébé Luciano.

Nonna Giulia est une femme de caractère. Dans la grande maison, chacun la respecte, la craint, l'aime et vient lui demander conseil. Elle est l'incarnation parfaite de la mamma italienne, nantie d'un mari volage, et d'une solide philosophie qui lui fait fermer les yeux sur des infidélités jugées une fois pour toutes inoffensives ! Effacée et apparemment soumise à l'extérieur ; chez elle, entre ses quatre murs, elle règne en maîtresse incontestée.

« Beaucoup de femmes penseraient aujourd'hui que la vie que ma grand-mère a menée est une absurdité. Évidemment, le MLF ferait la grimace en imaginant ces journées passées à s'occuper de la cuisine, des enfants, pendant que le mari joue les Roméo. Mais pour moi, c'est l'exemple type de mère ou de grand-mère que je souhaite à tous les enfants du monde. Chaleureuse, douce, compréhensive, toujours là pour un câlin ou un gâteau. Je l'adorais et j'ai toujours été son préféré. Je l'aimais d'autant plus qu'elle m'a élevé. »

C'est que le jeune couple est pauvre. Fernando est encore apprenti boulanger, et son salaire ne suffit pas à faire vivre les siens. Adèle cherche du travail et en trouve à la manufacture de tabac comme la Carmen de l'Opéra ! Elle confie, pendant la journée, Luciano à sa mère. Reste à dénicher la parfaite nourrice pour allaiter le petit. Là encore le destin va se manifester à travers celle que l'on choisit. Forte et généreuse, réputée pour l'abondance de son lait, et pour l'immense tendresse qu'elle apporte à « ses » enfants, la nourrice va de surcroît offrir à Luciano un cadeau inattendu et qui plus tard comptera dans sa vie : une sœur de lait.

Mais pas n'importe quelle sœur ! La petite fille se nomme Mirella Freni. Elle aussi va devenir une diva du lyrique.

Aujourd'hui, cette histoire de nourrice s'est répandue dans les milieux de la musique. Et, clin d'œil ou tendresse, il est parfaitement admis que si Luciano s'enrhume à New York, Mirella éternue à Vienne et réciproquement. Dans les deux cas, les directeurs de théâtre tremblent, d'autant que ni l'un ni l'autre de ces jumeaux du troisième type ne veut confirmer ou infirmer la légende.

« Après tout, cela a bien dû se produire... parfois », se contente de commenter Mirella.

Et d'ajouter, malicieuse :

« En tout cas, il suffit de nous regarder pour savoir lequel de nous deux a bu tout le lait. »

Quoi qu'il en soit, frère et sœur de lait, païses, transfusés par la même passion et le même destin, ils ne se perdront jamais de vue... plus tard. Car pendant ses premières années, filant d'un jupon à l'autre, Luciano est tout occupé à élargir chaque jour les limites de son univers. Comme il est le seul garçon de l'immense gynécée que devient son immeuble pendant la journée, lorsque les hommes sont au travail, tout le monde suit d'un œil attentif ses premiers pas. La grand-mère, les tantes, les arrière-cousines et les voisines. C'est un regard chaud, tendre et passionné qui l'enveloppe. Et derrière tous ces tabliers, un petit gâteau, un bonbon ou une grappe de raisin qu'on lui a spécialement réservés !

Il a cinq ans, lorsqu'une petite sœur voit le jour chez les Pavarotti. On l'appelle Gabriella, et on installe, dans la cuisine parfumée aux effluves délectables des petits plats mitonnés, un coin-nuit pour Luciano. Un joli lit clos, en ferronnerie, sur lequel tous les soirs, des têtes attendries viennent s'incliner.

« Je ne me suis jamais demandé si nous étions riches ou pauvres. Nous ne manquions jamais de l'essentiel. Nous n'avons jamais eu de voitures et la petite motocyclette de mon père suffisait aux déplacements familiaux. Je n'ai jamais convoité ce que nous n'avions pas ; pas plus hier qu'aujourd'hui. Ce genre de désir rend les gens tellement malheureux. »

Les jours s'écoulent, harmonieusement, à jouer et jouer encore. Luciano fait l'apprentissage de la liberté avec gourmandise.

« Dès que ma chère Nonna Giulia tournait le dos, je m'échappais. J'étais toujours par monts et par vaux. »

Dans les escaliers, dans la cour, dans les champs, à chasser le lézard ou les grenouilles, lancé dans d'intenses parties de football avec une bande gesticulante de petites filles, et quelques garçonnets recrutés dans les maisons voisines. Il va, il vient, et s'il est là à l'heure d'un repas, on ajoute son couvert à l'une de ces tables dont il est l'invité permanent. La maîtresse du lieu se contente de se pencher par la fenêtre, et de crier, à la cantonade, vers celles, toujours ouvertes, des tantes ou de la grand-mère, que « Luciano est là, qu'il déjeune avec nous ». De ces innombrables camarades, de ces figures familiales, il gardera toujours le besoin de vivre entouré, réchauffé, amusé et admiré, où qu'il soit dans le monde.

Et de ces repas, il conservera le goût de rassembler les siens et ceux qu'il aime autour de plantureuses tables, ou de chanter pour « son » public dans des salles les plus vastes possibles.

« Lucciaaaaaano ! Il est tard, rentre à la maison ! Ça fait trois jours que tu n'as pas dîné avec nous. »

Pourtant, ce n'est pas cette perspective qui le ramène au bercail, mais un geste de son père, Fernando, qui a trouvé un argument imparable : la musique. Il place sur le tourne-disque, qui trône dans le salon-salle à manger, l'une de ces épaisses galettes noires que l'on manipule avec attention et sur laquelle on pose l'aiguille. Blotti à ses pieds, Luciano se laisse envahir tout entier par ces chants légers, puissants, qui montent haut, et mettent dans son cœur une étrange langueur. Il peut rester comme cela immobile, pendant des heures, et très vite il est capable de reprendre de mémoire les grands airs de l'opéra italien que distillent Gigli, Schipa, ou l'incomparable Caruso. Il a à ce moment-là une toute petite voix flûtée d'alto, « rien de sensationnel » reconnaît-il, mais déjà, il prend un plaisir immense à chanter, encouragé par son père.

Fernando, le boulanger, est doué d'un beau timbre de ténor, au point d'avoir lui-même envisagé de faire carrière dans le lyrique. Hélas, il n'a pas les nerfs assez solides pour affronter le public. Même à l'église, sa voix chevrote lorsqu'il y a du monde... Ce n'est pas le cas de Luciano. A six ans, armé d'une mandoline de bazar dont on n'ose imaginer l'approximative justesse, il se plante dans la cour de son immeuble et entonne « La donna è mobile » du *Rigoletto* de Verdi.

Le succès est fulgurant : quatorze fenêtres s'ouvrent et c'est d'une seule voix que les voisins lui hurlent de se taire. Tous... sauf un sans doute plus pédagogue, qui trouve la solution pour couper court à l'enthousiasme du jeune « artiste » : une poignée de caramels mous !

« Ce fut mon premier cachet... »

Mais puisque l'enfant aime chanter, et chanter de la belle musique, on va l'emmener à l'église San Geminiano.

Luciano est tout étonné lorsque, sa main dans celle de son père, ils passent le grand porche. Il n'y a pas de messe, encore moins de fidèles. Sur le seuil, les deux grands lions lombards aux gueules redoutables semblent sourire. Mais l'église est sombre, froide comme ses marbres et ses gisants.

« Nous ne sommes pas ici pour prier, chuchote Fernando. Je vais t'inscrire à la chorale, et tu vas chanter avec moi. »

A cet instant, Fernando agit avec la plus grande sagesse. Il sait que bien des carrières ont débuté dans ces maîtrises d'enfants, non seulement en Italie mais partout dans le monde. Et puis il espère aussi que Luciano y apprendra un minimum de discipline. Qualité indispensable à une éventuelle carrière d'artiste lyrique : c'est ainsi que son fils va faire de modestes débuts à la Chorale Gioacchino Rossini. Il a une très jolie voix d'alto, certes, une oreille remarquable, mais... ce sont traditionnellement les sopranos qui occupent le devant de la scène. Une place dont il rêve jusqu'au jour où on lui demande de remplacer un petit soliste cloué au lit par la varicelle. Luciano tente de grimper vers d'inaccessibles aigus et... s'étrangle. De ce couac humiliant il fera une ligne de conduite : plus jamais il ne tentera de forcer sa voix.

Luciano vient d'apprendre la prudence. La vie va lui enseigner la peur.

***

1941. Les abominations de la Seconde Guerre mondiale déchirent la planète. Les premières années du conflit, Luciano, trop petit, n'a pu prendre véritablement conscience des horreurs qui se déroulaient autour de lui. Les Allemands, les fascistes, les résistants, tout cela restait des mots qui se mélangeaient dans sa petite cervelle enfantine.

Et puis brusquement, le drame va se rapprocher. La guerre devient une terrible réalité. Les industries de Modène sont une cible idéale.

« Les Américains et les Anglais ont commencé à bombarder Modène, et j'ai compris ce que la guerre voulait vraiment dire. Dans notre immeuble, les gens partaient les uns après les autres. Au moins ceux qui avaient des parents dans des régions plus préservées, où l'on trouvait encore quelque chose à se mettre sous la dent. »

Fernando Pavarotti tente de rester le plus longtemps possible. Son métier de boulanger le protège relativement de la famine. Mais lorsque les bombardements s'intensifient, il se résigne à se séparer des siens. Il doit mettre sa famille à l'abri.

Mais où ? A la campagne, évidemment. Comme tous ces « sfollamenti », ces Italiens qui ont fui les villes, Fernando loue une chambre chez un fermier, à côté d'un tout petit village de Gargallo, dans les environs de Carpi.

« La vraie guerre se jouait plus au Sud, mais la contrée regorgeait de partisans. Chaque nuit, il y avait des fusillades. Et le lendemain, les adultes parlaient à voix basse. »

Fernando, exempté du service militaire par les fascistes, fait chaque fois qu'il le peut le trajet entre Modène et la ferme. Il apporte du pain à sa femme et à ses enfants, du sel aussi, qui fait cruellement défaut.

Et puis, une nuit, c'est l'horreur. L'enfant qui, quelques mois plus tôt, jouait à la guerre avec ses petits camarades, fait l'expérience de l'angoisse : on est sans nouvelles de son père.

Tout le monde reste debout, à attendre et à se tordre les mains, plongé dans la plus horrible des expectatives. Gabriella pleure, Adèle croit devenir folle d'inquiétude.

Au petit matin, ils apprennent par des amis que Fernando a été arrêté par les Allemands, alors qu'il regagnait son domicile de nuit, sur son vélo, certain d'être protégé par son sauf-conduit de boulanger. Mais cette fois-là le bout de papier n'a pas suffi : les partisans avaient tué des Allemands. Et les Allemands, en représailles, avaient arrêté des civils pour les exécuter. Intervention ? miracle ? Le boulanger sera finalement relâché. Mais comment oublier l'horreur ?

Luciano a huit ans. L'âge de tous les appétits et de toutes les curiosités, et de ces mois passés dans les champs il va garder, malgré la guerre, un souvenir ineffable.

La fertilité grasse des sillons fraîchement labourés, les grandes promenades à travers les bois. L'odeur de l'étable où il se frotte contre les naseaux des bêtes. Le blé qui passe, du vert tendre au blond doré. Les raisins qui mûrissent dans la lumière de l'été. Et les petites tomates juteuses dérobées au potager, et croquées toutes crues tiédies par le soleil.

Malgré les privations, il se fortifie en participant aux travaux quotidiens. Luciano n'est pas un contemplatif, c'est un observateur, et rien ne lui échappe des mille activités de chaque être qui s'épanouit autour de lui. Il apprend sans état d'âme l'amour chez les poules et les lapins. Il se fait de nouveaux amis en aidant aux foins, à la traite. Et très vite, il n'a plus la moindre envie de retrouver la ville. Pour lui, la vraie vie est ici, à l'air libre. Il y développe de puissantes racines paysannes, qui ne s'atrophieront jamais.

Cette vocation pour la terre longtemps demeurée sous le boisseau s'épanouira au grand jour lorsque son immense notoriété lui permettra de signer quelques chèques importants. À ce moment-là, il n'aura d'autre souci que d'installer sa réussite au beau milieu d'hectares champêtres, dans une ferme qui fera sa fierté... au moins autant que les multiples disques d'or collectionnés lors de sa fabuleuse carrière.

« C'est là que je m'installerai dès que je ne chanterai plus, et cette ferme, j'y pense souvent comme à un paradis, pendant mes heures de travail. »

Pour le moment, la guerre vit ses derniers mois, plus durs encore que les autres. Les conversations chuchotées, la nouvelle des exactions de l'ennemi, le nom des morts que l'on prononce à voix basse, comme pour conjurer le malheur, autour de la table, lui apprennent combien l'existence est précieuse, et fragile. Et combien il l'aime...

Un jour, enfin, les Américains entrent dans Modène. La ville est en liesse. En folie. Lui aussi : il découvre ses premiers Américains. Pas ceux que l'on voyait au cinéma, mais les vrais. Les poches bourrées de chocolat et de chewing-gum. Ceux qui viennent forcément du pays des cow-boys !

« Luciaaaano ! Rentre à la maison ! »

Pas de doute : la guerre est bien finie. On est revenu à Modène, et maintenant, il faut retourner à l'école. Sérieusement.

Dieu merci, il y a les retrouvailles avec les copains. L'équipe de football qui se reconstitue et où il s'illustre en brillant avant-centre. Et puis il y a la chorale. Ni la guerre ni la campagne ne lui ont fait perdre sa joie de chanter, Vivaldi ou Palestrina, tous les soirs, avec son père, à l'heure des vêpres.

Luciano a douze ans, il n'est toujours pas question d'impérieuse vocation artistique, bien au contraire : il sera fermier ou rien !

3

« MOI AUSSI JE SERAI TÉNOR »

Le soleil est haut dans le ciel, et pourtant, les volets de la chambre sont clos. Toute la famille est réunie, et personne n'ose parler. De temps en temps la porte s'ouvre, quelques chuchotements s'élèvent, feutrés, dans la pièce où flotte une odeur d'encens, de fièvre et de tristesse. Entre les mains blanchies par les lessives, ridées par l'âge et les tâches quotidiennes, les grains de chapelet défilent sans cesse. Sur la table de nuit, une petite vierge de plâtre est éclairée par un cierge.

Le prêtre vient d'entrer. Il a croisé le médecin qui s'est contenté de secouer tristement la tête, puis a passé, par-dessus sa soutane, la chasuble violette réservée à l'office des morts. Et il commence de psalmodier toutes les prières de l'extrême-onction ; celles qui purifient, qui effacent les péchés commis par les yeux, par les oreilles, par la bouche. Un enfant de chœur immobile assiste le curé. Il a le même âge que l'adolescent étendu, immobile, sur le lit tout blanc.

Une voisine passe la tête :

« Comment va-t-il ?

— C'est la fin », murmure Adèle, plus pour parvenir à s'en persuader elle-même, que pour répondre à la question.

Comment pourrait-elle admettre ce malheur qui la frappe, qui les frappe tous de plein fouet ?

Il y a dix jours à peine, Luciano était dans la cour, il jouait au football, courait dans les escaliers, riait, mangeait. Et puis, un soir, juste après le dîner, il a déclaré qu'il se sentait mal. Que ses jambes ne le portaient plus. Il claquait des dents, grelottait de fièvre. Deux heures plus tard, il était dans le coma.

Le médecin, incapable de diagnostiquer ce mal mystérieux, avait immédiatement administré des antibiotiques : une première à Modène ! Un traitement que l'on disait miraculeux. Mais pas pour Luciano, toujours inanimé. Nonna Giulia est en larmes, horrifiée : son petit-fils adoré a douze ans, l'âge exact auquel le destin lui a arraché Lucia... douze années plus tôt.

« Je ne pouvais ni parler, ni bouger, ni faire un signe ; pas même ouvrir les yeux. Mais j'entendais tout ce qui se disait autour de moi. J'ai entendu le prêtre me dire : " C'est le moment maintenant, petit garçon, de te préparer pour monter au paradis. " Je n'ai pas du tout aimé cette idée... »

Est-ce cette réaction d'indignation absolue qui remet la machine, pourtant à bout de souffle, en marche ? Personne ne le saura jamais. Mais quelques jours plus tard, Luciano, pâle, amaigri, s'adosse à ses oreillers pour dévorer les lasagnes *al forno* que lui a mitonnées, avec amour, Nonna Giulia.

Encore un peu de repos, de câlins, de petits plats, et le voilà reparti avec son ballon, au beau milieu de ses copains. Le soleil va bien vite effacer sa pâleur. L'exercice remodeler sa musculature. Et à le regarder courir à longueur de journée, tous se disent, en remerciant le Ciel, que la maladie n'a laissé aucune séquelle.

C'est aller un peu vite. Luciano Pavarotti en témoigne souvent : entendre sa propre mère, désespérée, anéantie, annoncer que vous allez mourir, recevoir l'extrême-onction sont autant d'instants qui ne peuvent s'oublier si facilement. Luciano n'oubliera pas.

Il a vu, pour la première fois, la mort en face. Et le choc lui a donné à réfléchir.

Jusque-là, il vivait comme un joyeux animal, fougueux, ardent à la vie et au bonheur. La maladie l'a mûri. Sa presque mort, celle de ses voisins et connaissances pendant la guerre lui ont, à jamais, appris le goût délicieux de la vie... et sa précarité.

De là, son penchant pour les joies simples et saines : la tendresse des siens, la complicité de ses copains, le soleil, la nature, la musique avec son père et les interminables discussions autour de la *pasta*... Il ne sait pas encore très bien vers où il doit orienter son avenir, mais qu'importe...

Et comme cela se produit fréquemment après une grave maladie, une bonne crise de croissance va faire monter en graine le *ragazzino*. A la grande hilarité de son entourage, sa voix se met à sauter d'une octave à l'autre. Quand il parle, quand il chante, brusquement elle le trahit, des « couacs » imprévisibles ponctuent son discours et son chant. C'est la mue ! Ce temps étrange où les voix d'anges deviennent des voix d'hommes. Où l'on s'entend, très bizarrement, parler avec les intonations d'un autre : cet inconnu, qui... demain chantera !

« Mais comment aurais-je pu savoir à l'époque que je voulais être ténor ? Après tout, le Bon Dieu pouvait tout aussi bien avoir décidé de me donner une voix de basse... »

C'est oublier la voix de ténor de son père ! Et nul, surtout pas Luciano Pavarotti, ne songerait à nier l'héritage génétique. Et puis, dans la famille, on ne dit pas « musicien », moins encore « chanteur ». On est ténor ou rien, surtout au pays du bel canto. Sans doute, s'il avait eu une voix de basse, ne se serait-il jamais produit ailleurs que dans sa chorale. N'est-ce pas des ténors, et exclusivement des ténors que l'on écoute, le soir, sur le tourne-disque familial ? Ces voix qui fixent à jamais, dans les jeunes oreilles de Luciano, les grands traits du personnage qu'il sera un jour.

Le ténor ? C'est un héros sans peur et sans reproche ! Une image d'Épinal au profil de roman-photo. Noble, amoureux, victime le plus souvent, et sympathique presque toujours, il est incontournablement jeune. Jeune à vie !

Comment Luciano hésiterait-il à s'engager sur une telle voie ?

Depuis qu'il est tout petit, il aime qu'on l'aime. Alors, quel bonheur d'interpréter ces personnages si touchants qu'il va investir au point de refuser tous les autres.

« Je ne chanterai plus jamais un ténor malveillant », confiera-t-il plus tard, au critique Rodolfo Celleti.

Exit de son répertoire le personnage de Tebaldo, dans *I Capuleti e I Montecchi* de Bellini. Trop sombre. Trop détestable. Sur scène entre les bons et les méchants, il choisit résolument son camp : les généreux, les purs. Être ténor, c'est cela : conquérir le cœur des foules, par la voix et à travers les personnages. Ce qui n'est pas le cas de ces malheureuses basses condamnées aux rôles de traîtres ou de barbons ; ni celui de ces infortunés barytons coincés entre Iago et Don Giovanni.

En cette année 1947, tout cela, bien sûr, s'agite confusément dans son esprit. S'il sait, de façon intuitive, qu'il va chanter, il n'y a pas encore vraiment réfléchi.

C'est alors qu'intervient le hasard. Mais est-ce véritablement le hasard ? Disons plutôt un événement décisif dans la vie de Luciano. Un événement sensationnel qui enthousiasme toute la ville : Beniamino Gigli doit venir chanter à Modène.

Issu comme Luciano d'une famille modeste, remarqué par le Maestro Serafin, puis par l'exigeant Toscanini avec lequel il débute à la Scala dans le rôle de Faust du *Mefistofele* de Boito en 1918, Beniamino Gigli va très vite se laisser attirer par les rivages dorés du Nouveau Monde. Idole des Américains qui voient en lui le digne successeur de Caruso, adulé par le grand public italien qui s'extasie sur la somptuosité de sa voix, il règne de nouveau à la Scala en

1932 malgré quelques puristes qui lui reprochent un style devenu racoleur...

Qu'importe, à l'époque de sa venue à Modène, Gigli est incontestablement l'un des plus fameux ténors du monde. Et il sera là ! En chair et en os ! En voix surtout. Une voix que l'on va enfin pouvoir écouter sans les « crins-crins » d'usure qui voilent son chant après les innombrables passages sur le vieux tourne-disque familial.

Chez les Pavarotti c'est l'exaltation. Il serait inimaginable de laisser passer cette occasion inespérée. Pire, de ne pas pouvoir l'approcher, se dit Luciano qui rôde autour du théâtre. Il sait que Gigli est là, en train de répéter... Ne pourrait-on pas le laisser se faufiler à l'intérieur de la salle ? Il ne fera aucun bruit. Il le jure. Il ne bougera pas. Et pendant une heure, recroquevillé dans l'ombre, respirant à peine, les yeux écarquillés, il écoute de toutes ses oreilles, de toute son âme ! Les reprises des passages à préciser, le minutieux ajustement de la voix avec l'orchestre, les dialogues entre le Maestro et le chanteur... Et il est ébloui par la puissance de sa voix, par la suavité de son timbre. Transporté dans le monde magique de la scène et du lyrique, une seule certitude l'habite : quand il sera grand, il sera ténor !

« Bravo, bravo, petit, approuve Gigli que Luciano a osé approcher. C'est un projet magnifique. Mais tu devras travailler très dur.

— Et vous, combien de temps avez-vous travaillé ? demande Luciano, uniquement, expliquera-t-il plus tard, pour prolonger cette conversation.

— Tu étais là à m'écouter travailler depuis un long moment, n'est-ce pas ? Eh bien j'ai fini... Du moins pour aujourd'hui. »

Luciano n'oubliera jamais la leçon, même si, quelques jours plus tard, elle se dissout dans le bonheur de taper dans son ballon. En pleine croissance, il grandit comme un météore et dépasse bientôt d'une bonne tête tous les copains de son école et de son quartier.

Être le meilleur au foot ! Facile, se dit-il, enivré

par ses prouesses... Mais « faire le ténor »... Et puis, qu'est-ce que cela signifie au juste ? Chanter, cela, il le sait. Travailler encore et toujours, Gigli le lui a dit. Mais pour le reste ? Comment ce jeune adolescent de Modène pourrait-il imaginer l'avenir qui l'attend ? Il n'en a pas la moindre idée bien sûr, jusqu'au jour où, au cinéma de la ville, on affiche un film américain. Rien qui n'ait bouleversé l'histoire du septième art. Mais une fiction qui projette sur grand écran la vie plutôt romancée de son idole. De l'idole de son père. Et de celui qui fut l'idole des foules, le *Grand Caruso* comme l'annonce triomphalement le titre. En vedette : Mario Lanza. Un chanteur qui ne laissera pas de longs paragraphes dans les dictionnaires de musique, ni de grandes émotions dans le cœur des musicologues, mais que le grand public adore.

Il s'agit évidemment de retracer à grand renfort de bons sentiments l'irrésistible ascension d'un petit Napolitain qui deviendra la coqueluche de l'Amérique. Luciano est subjugué. Totalement conquis par cette superproduction telle que Hollywood en avait le secret au tout début des années cinquante. Avec des couleurs flamboyantes. Des limousines comme des paquebots. Des cigares gros comme des bâtons de chaise et, surtout, des spectateurs en délire et des créatures de rêve. Ajoutez une pincée de larmes, une large rasade d'épopée, et quelques airs de bravoure qui passent, ma foi, fort bien à travers les tables de mixage, et projetez le tout devant les yeux éblouis d'un gamin qui n'est jamais sorti de Modène...

Comment Luciano ne rêverait-il pas ? D'autant que pour laisser au mythe toute la saveur de la légende, le producteur n'a pas jugé utile d'affubler son héros de la bedaine rebondie qu'arborait le *Grand Caruso*.

Et puis Mario Lanza, qui est encore jeune, ressemble suffisamment à Luciano — mêmes cheveux bruns, même visage rond, mêmes traits réguliers — pour que l'adolescent soit fasciné.

Une fois, deux fois, dix fois, il retourne voir le film. Jusqu'à ce qu'il soit déprogrammé. Il en retiendra que tout rêve de gloire, même pour un ténor, passe obligatoirement par l'Amérique...

Et puis il se remet au football. C'est si loin l'Amérique quand on a douze ans...

***

1954. Un 12 octobre. Toute la famille est réunie pour fêter l'anniversaire de Luciano bien sûr, mais aussi pour décider de l'avenir du « fils ».

Sept ans ont passé depuis les émotions dues au *Grand Caruso*. Il a dix-neuf ans maintenant. Il est grand, athlétique, et aux yeux de ses tantes, il est le plus beau garçon du monde. Il vient de recevoir son diplôme de « la Scuola Magistrale » de Modène. Et pour la première fois de sa vie, aucune rentrée scolaire ne se profile à l'horizon.

Luciano a l'âge des choix. Il va devoir se faire une place dans le monde des adultes, entrer dans cette vie que l'on qualifie d'« active ». Mais par quelle porte ? C'est pour cela que l'on s'est retrouvé autour de la table. Pour se donner le prétexte et l'occasion de les entrebâiller toutes afin de déterminer celle dont il franchira le seuil. Les femmes ont desservi et versé dans de jolis verres, ceux des grandes occasions, l'alcool de noix, la spécialité du pays. Les vastes serviettes sont encore bordées dans les ceintures desserrées d'un cran. Le moment est venu d'envisager l'avenir.

Que va-t-on faire de cette grande carcasse d'un mètre quatre-vingt-dix, de ce beau garçon débordant de santé, frais émoulu de son école avec des notes, ma foi, tout à fait honorables, obtenues par le strict dosage du minimum d'effort et du maximum d'effet ?

« A l'école primaire, confirme aujourd'hui le Maestro, j'ai appris à bien écouter l'instituteur pour ne pas avoir à travailler à la maison. Ensuite, j'ai conservé cette tactique. Je n'étais pas un bourreau de travail, mais je me concentrais résolument pendant les cours. Je mémorisais en écoutant, et ça marchait très bien ! »

Ça marchera encore quand il se mettra à l'école du chant. Ça marchera toujours quand il entrera dans la carrière.

« Ce pouvoir de concentration est une qualité absolument capitale quand on doit rassembler toutes ses forces vives pour que le courant passe entre l'interprète et le spectateur. »

Pour l'heure, ce n'est pas ce pouvoir de concentration qu'analysent les parents, mais les domaines de prédilection de Luciano. Les mathématiques, par exemple, dans lesquelles il s'est illustré, rappelle Nonna Giulia qui serait tellement fière qu'il devienne professeur ! Pour cette femme simple, comme pour beaucoup d'Italiens des classes populaires, l'enseignement est le premier grand échelon franchi sur l'échelle sociale. Mais il faudrait l'envoyer à Rome pour qu'il y poursuive cinq années d'études supplémentaires.

L'idée n'est pas du goût de Fernando, qui verrait plutôt son cher fils poursuivre sa trajectoire sportive vers un professorat d'éducation physique. Un diplôme qui demande moins d'années d'études ! Mais, de toute façon, il est prêt à se saigner aux quatre veines pour l'inscrire dans le meilleur établissement du genre, que ce soit à Rome ou ailleurs. A ses yeux le sport est une discipline qui a de l'avenir.

Gabriella, elle, regarde son grand frère avec l'admiration qui convient. A quatorze ans, il n'est pas question de la laisser intervenir dans cette grave discussion. D'ailleurs que pourrait-elle imaginer autour de ce terme on ne peut plus vague d'avenir ?...

Mais Rome, Luciano à Rome... Le projet ne lui sourit guère : elle le préférerait à la maison. Lui aussi d'ailleurs s'y préférerait. Muet pour l'instant, cet éventuel départ vers la capitale ne lui met pas la joie au cœur. Il est heureux à Modène. Il y a sa vie, sa famille, ses copains, et aussi Adua, sa future fiancée et sa future femme.

« Il pourrait apprendre le chant ? »

Seigneur Dieu ! La phrase tombe dans un silence sans fond. C'est Adèle, la maman, qui vient de parler de sa petite voix flûtée. Mais quelle folie ! Fernando lève les bras au ciel.

D'accord, Luciano a une jolie voix ! Mais Fernando est mieux placé que quiconque pour savoir que la voix ne suffit pas. Même exceptionnelle.

« Il faut les nerfs... les nerfs, vous dis-je. »

Et comment Luciano les aurait-il ? Lui qui ne s'est produit qu'à l'église et encore jamais en soliste ! C'était dans la chaleureuse ambiance de la chorale ou parfois, lors de repas de communion... Et puis d'ailleurs...

D'ailleurs, quelle sécurité trouve-t-on dans ce métier de saltimbanque ? Et combien sont-ils à être restés dans le plus navrant des anonymats, avec pourtant des voix tout aussi belles, si ce n'est plus belles, que celle de Luciano ?

Combien d'élus pour combien de candidats ?

Les arguments se bousculent aux lèvres de Fernando. Comment Adèle peut-elle précipiter son fils vers ce miroir aux alouettes ? Gaspiller tous ses autres atouts ?

Dans son coin, Luciano ne dit mot : il écoute. Ténor. Bien sûr qu'il aimerait être ténor. L'idée est nettement plus excitante que celles d'être instituteur ou professeur, et puis surtout elle écarte les ombres du triste statut d'expatrié.

Mais il ne bronche pas. Il attend la fin de la longue tirade de Fernando. Il parvient même à garder une attitude soumise, sans sourire lorsque sa mère lui adresse de rapides petits coups d'œil. Le ton s'enfle au fur et à mesure que se vident les verres. Mais il est certain de l'issue du débat :

« Mon père ayant dit non, ma mère ayant dit oui, il était évident que ce serait oui. »

« On te donnera un coup de main pendant dix ans », marmonne le boulanger, qui bien entendu jubile en son for intérieur.

Le pari est pris ! Si dans dix ans Luciano ne peut pas vivre de sa voix, il cherchera du travail, dans un autre domaine. Et Luciano est heureux. Il va chanter et il aime ça. Il va rester à Modène, et il adore ça.

« Je l'avoue, l'amour que je portais à ma ville a été déterminant dans le choix de ma carrière, reconnaît-il volontiers. Je ne sais pas ce que je serais aujourd'hui si l'on m'avait annoncé qu'il fallait que je parte pour Rome ou pour Milan... »

« Tu dois essayer, insiste sa mère. Je suis certaine que tu réussiras. Quand tu chantes, ta voix me bouleverse. »

Luciano n'oubliera jamais cette marque de confiance, cette générosité. Même s'il n'a pas de gros besoins d'argent, dans l'immédiat, il s'agit pour sa famille de continuer à le nourrir et à l'héberger, et Fernando n'est pas riche... Tout cela, Luciano le sait parfaitement...

Alors, en une seconde, il tourne la page. Celle du temps de l'insouciance, celle de l'enfance et de ses sécurités. Désormais il va travailler et travailler dur, sans le moindre regret pour le monde du sport qu'il abandonne le cœur léger.

Il a lu dans le regard de sa mère une telle sérénité, et dans celui de son père une telle fierté, une telle certitude, qu'il se sent entraîné vers les plus hautes sphères. Mais avant toutes choses, il s'agit maintenant de trouver un professeur et un bon professeur !

4

A DES VOIX ILLUSTRES PAR DES VOIES ÉTROITES

Jusque-là, les quelques cours de chant que Luciano a suivis lui ont été donnés par la femme du professeur Dondi. C'est elle qui lui a enseigné deux ou trois des bases du solfège, mais qu'en pense son mari ?

Le père et le fils se tournent alors vers Dondi qui affirme que Luciano a une place à prendre dans la carrière de ténor, et qu'il connaît l'homme de la situation. Il s'appelle Arrigo Pola. C'est un chanteur de bonne race que chacun, à Modène — car, comble de chance, il vit à Modène —, salue bien bas.

Le professeur griffonne sur une carte ses recommandations, et l'adresse du Maestro où se rendent tout émus, dans leurs costumes du dimanche, Fernando et Luciano Pavarotti. Luciano s'éclaircit la voix, et chante deux ou trois airs tirés de *la Bohème*, et de *Rigoletto* qui constituent pour l'instant l'essentiel de son répertoire... Pour Arrigo Pola c'est suffisant : il a l'oreille exercée d'un grand professionnel. Ce qu'il entend l'intéresse.

« Tope-là, dit-il au boulanger. Je le prends comme élève. »

Et comme il connaît la modeste situation financière des Pavarotti, il ajoute aussitôt, grand seigneur certes mais sûr de l'avenir de son nouveau disciple :

« Ce sera gratuit. »

Désormais, chaque jour, Luciano se rend au domicile de son maître. Quatre bonnes heures quotidiennes qui très fréquemment se poursuivent le dimanche. Il y faut de la vertu :

« De la vertu ? Non ! J'avais tout simplement de l'enthousiasme, comme tout ce que je commençais à l'époque et qui restait nouveau pour moi. »

Mais si Luciano s'imagine, dès les premières semaines, pouvoir chanter quelques airs de bravoure à faire pâmer les demoiselles, il est vite déçu. Pendant des heures, des jours, des mois, il apprend uniquement à respirer, à placer sa voix, à contrôler son souffle, à vocaliser. Et à travailler ses voyelles.

A, E, I, O, U ; A, E, I, O, U ; A, E, I, O, U. Et rien d'autre. En montant et en descendant. Comme tous les grands à leurs austères débuts. Comme Caballé au Liceo de Barcelone, allongée sur le parquet, soulevant chaque jour de lourdes plaques de plomb que son professeur lui posait sur la poitrine pour muscler et développer la cage thoracique ; pour maîtriser ce précieux souffle qui fait les longues carrières.

Ce n'est qu'au bout d'un an que Luciano Pavarotti sera autorisé à chanter quelques notes de Verdi ou de Donizetti et encore pas trop longtemps. Il ne faut commettre aucune imprudence : Luciano pourrait prendre de mauvaises habitudes. Ce serait trop bête : sa chance est justement de n'avoir aucune mauvaise habitude.

« C'était formidable, confirmera plus tard Arrigo Pola, en se souvenant de ces heures d'apprentissage. Même si la voix est belle, il est souvent difficile, voire impossible de corriger des défauts pris quand un chanteur a commencé à chanter tout seul. Tout ce que j'ai fait avec Luciano, c'est développer une technique qui soit pure, et qui devienne naturelle, spontanée, automatique. Il a suivi tous mes conseils... »

Aveuglément. Et Arrigo Pola bénit le Ciel qui lui

envoie cette voix si préservée, si authentique, assortie de deux précieuses et indispensables qualités : une oreille absolue — c'est-à-dire capable de situer n'importe quelle note hors de son contexte, donc d'en corriger instantanément la justesse — et une ferveur monolithique qui surprend chez un garçon de cet âge.

« C'était aride. Mais je ne me suis jamais ennuyé pendant ces séances de vocalises. Au contraire, j'étais fasciné. Et souvent, la phrase de Gigli me revenait aux oreilles. Travailler, travailler encore, ne jamais cesser d'étudier. »

Luciano retrouve dans ces exercices vocaux le même plaisir physique qu'il a connu dans le sport, quand l'effort répété aboutit à l'efficacité, à la précision, à la beauté. Fût-ce au prix d'une compétition avec soi-même.

« Vous sentez que vous maîtrisez de mieux en mieux votre technique. Vous constatez que votre souffle vous obéit. Que votre puissance s'amplifie. Que votre instrument s'affine et devient virtuose. Et cet instrument... C'est votre corps... »

L'ennui, c'est que, hormis la considération de son maître, cette belle constance ne lui rapporte rien. Pas même l'estime de ses camarades de classe qui, eux, entament des études sérieuses, s'insèrent dans la vie active. Se marient. S'installent. Et peuvent, au Café Molinari, payer de généreuses tournées.

Jusque-là, Luciano pensait pouvoir se passer d'argent. Mais petit à petit cette dépendance, qui le lie à sa famille à un âge où justement l'on est censé s'assumer tout seul, l'angoisse. Le samedi soir, il veut pouvoir offrir l'entrée du bal à Adua, au dancing de l'Éden, l'inviter à déjeuner au bord de la mer et faire quelques cadeaux aux uns et aux autres.

Pour la première... et la dernière fois de sa vie, Luciano décide de transiger. Il lui faut trouver un petit travail à mi-temps, qui lui permette de concilier la plénitude de sa voix et l'équilibre de ses finances. Et puisqu'il est diplômé de l'École Normale locale, pourquoi ne serait-il pas instituteur ?

Auxiliaire, bien sûr. Il n'est pas question de se laisser happer par l'enseignement. Et dans une école primaire... Paradoxalement, la tâche, même si elle est relativement plus lucrative, va lui paraître beaucoup plus insupportable que les vocalises.

« Il participio di "soffrire" ?

— "Sofferto" ! »

Et justement, il souffre. Rabâcher les rudiments de l'italien à de petits diables qui ne pensent qu'à rire le déprime totalement. Luciano en fait l'amère constatation jour après jour, leçon après leçon.

« Il participio passato d' " uccidere " ?

— " Ucciso. " »

Il brûle d'envie de les tuer, ces gamins turbulents, indisciplinés, que la haute stature de leur maître auxiliaire n'intimide pas le moins du monde et qui prennent un malin plaisir à chahuter ses cours d'orthographe, d'histoire et même... « Santa Maria ! », ses cours d'éducation religieuse...

Il n'y a qu'aux heures réservées à l'éducation physique que le courant passe un peu mieux. Luciano connaît toute la technique du sport-roi en Italie : le football. Et son passé prestigieux d'avant-centre a depuis longtemps fait le tour de Modène.

Dieu merci, le soir, quand il est exténué par ses cours, il y a Adua, qui a choisi et connaît le même enfer ; et qui, imperturbablement, lui remonte le moral. Mais là encore, Luciano sait retenir la leçon. Peu à peu, il apprend à maîtriser ce petit public, à le mater avec son charme et son à-propos. Et finalement c'est d'eux qu'il se souviendra lorsqu'il sera confronté à l'autre public, bien plus redoutable celui-là, que constituent les mélomanes des grands théâtres internationaux.

Et puis, cette activité lui apporte quelques consolations... financières. La rencontre avec les parents des petits monstres. Oh ! Pas pour leur parler des vertus et des mérites de leurs chers rejetons. Non. Luciano s'est trouvé un travail d'appoint modeste au départ, mais qui peut s'avérer très intéressant : les assurances.

Un professeur, ça inspire confiance. Surtout quand il est jeune, d'un milieu simple et qu'il est de Modène. Luciano commence par rendre visite aux familles un peu à l'improviste, entre ses heures de travail à l'école et ses heures d'étude chez le Maestro Pola.

Et puis, très vite, ce sont les enfants qui viennent, pendant les récréations, lui demander de passer à la maison pour discuter avec papa et maman du moyen le plus astucieux de se protéger contre le vol, l'incendie, l'inondation ou l'invasion de sauterelles...

En fait, tout cela l'amuse énormément. Et sans le savoir, Luciano apprend le B.A. BA de la séduction. Sourires et silences. Exposition et confiance. La main sur le cœur. Les yeux dans les yeux. Et les lires qui rentrent. Des honoraires cinq à six fois supérieurs au salaire d'un enseignant.

« Très vite, j'ai commencé à gagner dans les trois cents dollars par mois. En Italie, au début des années cinquante, c'était énorme ! Un pactole ! Surtout pour un garçon de vingt-trois ans ! »

La famille de la belle Adua respire, et sourit largement au jeune homme qui se pare d'un petit capital et d'une respectabilité confortables... surtout pour un futur gendre.

Hélas pour eux, et très heureusement pour nous, Luciano est vite obligé de constater que les assurances, si bénéfiques à ses finances et à ses amours, ne valent rien à ses cordes vocales. Pour vendre des contrats, il faut convaincre. Et pour convaincre il faut parler. Des heures entières. Et c'est très mauvais ! La gorge s'enflamme, le souffle patine, la voix se voile et se fatigue.

Luciano doit choisir. Chanter ou vendre...

La chose demande réflexion. Dans un plateau de la balance, il y a la sécurité, le mariage, la vie douce à Modène, des enfants.

Au café, à la chorale, ses amis le poussent dans cette direction.

« D'accord, tu as une jolie voix, Luciano. Mais tu n'es pas le seul. Et ça fait maintenant quatre ans que tu étudies... Une belle voix, ça ne fait pas une carrière à l'Opéra ! »

Dans l'autre plateau, il n'y a rien. Adua se tait. Déchirée entre son envie de se marier enfin, d'avoir sa maison et ses enfants, et son désir de n'entraver en rien la carrière de Luciano. Si carrière il doit y avoir.

Dans cette incertitude il y a pourtant enracinés dans la mémoire de Luciano les conseils de son maître. Les efforts qu'il a consentis gratuitement sur son temps, sur sa vie — pour l'amener là où il en est aujourd'hui : détenteur d'une solide technique.

Tout cela, Luciano le sait. Le revit lorsqu'il sort de son portefeuille la photo dédicacée de son maître, Arrigo Pola, qu'il conserve encore précieusement aujourd'hui et sur laquelle sont gravées deux petites phrases qu'il connaît par cœur :

« Cher Luciano, écoute-moi et tu arriveras certainement ! Étudie et sois tenace ! »

Luciano écoute et... abandonne les assurances !

***

Une décision qui tient un peu de la roulette russe, mais Luciano aime le jeu. La canasta ou le backgammon, les échecs ou le tennis. Autrefois, il jouait dans les cafés de Modène. Aujourd'hui, il tape le carton dans les coulisses des théâtres.

« L'ennui, c'est que je déteste perdre », précise-t-il avec un grand rire.

Ce qu'il annonce aujourd'hui comme un défaut est alors un formidable atout. Maintenant qu'il a pris sa décision, qu'il l'a annoncée à tous : ses futurs beaux-parents, ses parents, ses amis, il ne doit pas perdre... la face. Il va se battre, étudier sans relâche, et mettre les bouchées doubles.

Mais curieusement, alors que jusque-là, tout semblait lui sourire, alors que les hasards avaient jeté sur sa route, au bon moment et au bon endroit, des êtres ou des événements qui le poussaient sur la voie du lyrique, la chance semble brusquement tourner.

Arrigo Pola a reçu — et accepté — une proposition

de poste au Japon. Et Luciano a encore besoin de leçons : s'il maîtrise parfaitement les deux octaves « naturelles » de sa voix, il commence à peine à exploiter les graves et les aigus. Bref, il n'est pas encore totalement maître de lui sur toute l'étendue de la gamme.

« Il y a beaucoup de professeurs capables de faire travailler des chanteurs sur un rôle particulier, mais il en existe très peu qui apprennent vraiment la technique du chant », explique Arrigo Pola, parfaitement conscient des problèmes que son départ pose à son disciple. Un disciple en qui il croit plus farouchement que jamais. Le Maestro connaît bien celui qui pourrait lui succéder pour poursuivre le travail de ces années passées, mais hélas il habite à Mantoue. En Lombardie ! C'est-à-dire loin des amis, de la *Passeggiata*, des quelques ressources que pourrait lui fournir l'enseignement en intérim... et surtout d'Adua.

Adua avec laquelle Luciano continue de parler de leur avenir. Adua qui attend toujours, et qui pourtant le rassure : il doit se tenir à sa décision. Elle gagne un peu d'argent : elle pourra l'aider.

Deux fois par semaine, il est donc décidé que Luciano se rendra chez son nouveau mentor, l'excellent professeur — ténor lui aussi — Ettore Campogalliani. La réputation de celui-ci, l'intérêt qu'il va rapidement porter à son nouvel élève réchauffent le cœur de Luciano qui en a bien besoin : ses maîtres sont les seuls à lui demander de chanter. Personne encore ne l'a entendu, ni même remarqué, et la seule production à laquelle il se prête restera..., et pour cause, anonyme ! L'un de ses bons amis lui a demandé d'aller chanter sous la fenêtre de l'élue de son cœur. Une fanatique de bel canto, qu'il veut définitivement éblouir.

Alors, comme Cyrano ou Don Giovanni, Luciano caché sous le balcon entonne l'air de bravoure du *Trovatore*, « Di quella pira », pendant que son comparse, bien en vue de sa Juliette, module les paroles en play-back ! L'illusion est parfaite, mais le public... réduit !

Par chance, à Mantoue, patrie des Gonzague, Luciano Pavarotti retrouve... sa sœur de lait ! Mirella Freni étudie elle aussi chez le Maestro Campogalliani, mais elle a pris sur son compatriote une belle longueur d'avance. Car, lorsque Mirella est née à Modène, quelques mois à peine avant Luciano, et quand la sage-femme s'est traditionnellement écriée : « *Dio mio* quel contre-ut, vous verrez, cette petite sera une soprano célèbre », ses parents n'ont rien vu que de très normal dans cette exclamation.

Chez les Freni en effet, on est génétiquement chanteurs. La propre grand-mère de Mirella, Valentina Bartomesi, fut une diva célèbre dans les années vingt. La petite n'aura donc jamais, au contraire de son frère de lait, la moindre hésitation sur son avenir. Elle sera cantatrice.

Elle a tout pour cela. Une voix ravissante, un véritable acharnement à l'étude, un physique d'ingénue assorti d'une taille de guêpe qu'elle arbore encore aujourd'hui.

Le cap fatidique de la mue étant beaucoup moins long à franchir pour les filles que pour les garçons, elle ne perd pas de temps. A peine a-t-elle abandonné l'école, où elle a pour condisciple une certaine Adua Veroni, future signora Pavarotti, à peine a-t-elle coupé ses nattes, qu'elle s'inscrit à ces multiples concours de chant dont raffolent ses compatriotes.

A dix ans, elle chante le grand air de *la Traviata* « Sempre libere ». A douze ans, son « Un bel dì vedremo » de *Madame Butterfly* lui vaut la première place dans un concours international.

Beniamino Gigli qui passe par là, comme décidément partout où fleurit un talent en herbe, la félicite chaleureusement, mais, avec une tendresse quasi paternelle, l'avertit :

« Sois prudente, fillette, tu es si jeune. Ne force pas ta voix. Souviens-toi : le danger pour les enfants prodiges... c'est de le rester... »

Précaution qui ne dispense nullement le ténor

d'aller trouver les parents de Mirella, pour les supplier de pousser leur fille dans la carrière :

« Elle sera une diva. »

Comment douter de l'avis d'un pareil expert ? A quinze ans ses parents l'inscrivent donc au conservatoire de Bologne, où pendant que Luciano, qui l'a perdue de vue, se dore au soleil et joue au football, elle vocalise inlassablement, travaille son phrasé, sa diction et son souffle.

Et le jour où la famille Pavarotti se réunit pour décider du sort de leur fils et petit-fils, Mirella fait ses débuts dans la Micaela de *Carmen*, au théâtre de Modène ! Chez elle, dans ses propres murs ! Et la ville, qui sera pendant longtemps ingrate envers Luciano, réserve un accueil délirant à la jeune fille.

La suite de la carrière de celle-ci sera éblouissante. De Glyndebourne à Covent Garden en passant par la redoutable Scala — consécration incontournable pour tout artiste lyrique, italien de surcroît —, ses succès l'entraîneront sur les scènes américaines, et vers le Maestro Karajan qui la dirigera, en 1963, à Milan, dans une *Bohème* historique, mise en scène par Franco Zeffirelli.

Très vite, sa route et celle de Luciano qui viennent de se recroiser, vont être parallèles. De Salzbourg à Vienne, ils seront réunis aux carrefours de succès époustouflants. Partageant louanges et fatigues, solitudes et espoirs, travail inlassable et récompenses, ils auront toujours en mémoire les merveilleux souvenirs de « leur » Modène, et de leurs débuts :

« Dans cette tension extrême jusque dans le piano et pianissimo, nous nous sommes toujours retrouvés sans même avoir à échanger une parole. Cela tient de la télépathie. »

N'est-ce pas plutôt la marque de leur Maestro ? L'atmosphère qui a baigné leur enfance ? Mirella aura, avec tous les publics, les mêmes rapports aisés, presque affectueux, qu'entretient Luciano avec ses admirateurs. Comme lui, on l'acclamera pour la beauté de son timbre, pour sa technique éblouissante, mais aussi pour cet irrésistible charisme qui les habite en scène comme à la ville.

En la regardant, en l'écoutant, on comprend mal que Don José puisse lui préférer Carmen. On voudrait arracher cette bouleversante Marguerite des griffes de Mephisto, soustraire cette émouvante Desdémone à l'aveugle fureur jalouse d'Otello... Et c'est portée par l'amour de tous qu'elle traverse les théâtres, et la vie, aux côtés de son mari, la basse bulgare Nicolaï Ghiaurov.

Rares sont les exemples dans l'histoire de l'art lyrique d'une soprano aussi amicale, aussi bonne camarade, dépouillée de toute sophistication et d'une humeur aussi stable.

Et l'on comprend le soulagement de Luciano à l'heure où, l'âme en berne, il arrive à Mantoue et tombe sur « sa » Mirella ! Toutes les qualités de son amie, il va en bénéficier, les goûter, s'en délecter. Face à un avenir incertain, qui lui semble toujours être un long tunnel dont il connaît certes la direction, mais dont il ignore encore l'aboutissement et les récompenses, sur ce chemin aride qui l'attend, Mirella Freni saura toujours être une présence chaleureuse et réconfortante.

5

SEPT ANS DE RÉFLEXION

Ainsi deux fois, trois fois par semaine, Mirella et Luciano prennent ensemble le train pour Mantoue. Le tortillard à vapeur les dépose au bord du lac où Virgile vit le jour, non loin du palais dont Isabelle d'Este fut la souveraine. Y songent-ils ? Sûrement pas. Ni les merveilleuses fresques du château ducal, commande des Gonzague, ni les tours du palais Bonacolsi, ne retiennent longtemps leur attention. Ils ne viennent que pour la musique. Ils ne pensent qu'à Puccini, ou mieux encore, à Verdi, qui avait choisi la ville pour cadre de son *Rigoletto*. Ils ont beau savoir que le véritable héros de cet opéra est François Ier, c'est le personnage du duc de Mantoue qu'ils évoquent inévitablement.

« La donna è mobile », fredonne Luciano, qui rêve de ce rôle, cheval de bataille de tous les ténors, dans lequel il veut lui aussi triompher un jour. Mais quand ? Il n'ose même plus l'espérer.

« Combien de temps faut-il encore étudier pour devenir ténor ? »

Nul ne peut lui répondre. Aussi poursuit-il ses exercices. Avec son nouveau professeur. Et d'une certaine manière avec Mirella, chacun commentant les progrès de l'autre, discutant technique, interprétations, souffle.

« Lorsque j'ai commencé à étudier, je me suis donné dix ans. Publiquement bien sûr : devant mon père. Mais secrètement, j'espérais, en y croyant dur comme fer, que quelque chose allait m'arriver avant cette date limite. Qu'on me reconnaîtrait bien avant le cap fatidique de la trentaine. J'avais travaillé d'arrache-pied avec Arrigo Pola. Je continuai avec Ettore Campogalliani. »

Quatre ans de vocalises. Et rien ! Le désert. Il lui arrive bien dans l'année de donner un ou deux petits concerts, mais c'est toujours dans de toutes petites villes, quand il ne s'agit pas de villages.

Bien sûr, le public est affectueux, heureux de l'écouter, et Luciano est reconnaissant des applaudissements nourris qu'on ne lui ménage pas. Mais comme le présageait son père où est la différence avec les repas de communion ? Où sont les scènes mythiques de la Scala, de Covent Garden, de Naples... et même de Modène ? Des prestations gratuites pour des soirées de charité, voilà ce qu'on lui demande. Pas le moindre petit contrat en vue. Son moral est aussi bas que ses finances. Malgré le grand enthousiasme qu'il a chevillé au corps, le découragement commence à l'envahir.

« *Sù ! Coraggio* ! » lui répète Mirella.

« Nous sommes tous avec toi », confirme le chœur familial.

« Je t'attends, j'ai confiance », jure Adua qui joue les Pénélope et s'évertue à faire bonne contenance lors des repas de noces de ses amies.

« Tu y arriveras », confirme le Maestro Campogalliani, aussi sûr du talent de son élève que l'était le Maestro Pola.

Mais rien n'y fait. Il lui revient en mémoire, de façon lancinante, les réserves de son père sur ce dur métier. A quoi sert d'avoir une belle voix si le monde s'obstine à l'ignorer ?

« Bien sûr, j'étais parfaitement conscient des difficultés et du chemin à parcourir, lorsque j'ai pris la décision de devenir chanteur. Mais sept années sans le moindre écho... Mes certitudes se sont envolées comme un oiseau au printemps. »

Sept ans de réflexion, et un bilan morose. L'angoisse monte, et Luciano somatise. Des nodules se forment sur ses cordes vocales. Sa voix s'assombrit. Il ne la reconnaît plus. Pire, il a l'horrible impression de barytonner.

Comble de malchance, il doit justement chanter à Ferrare. Et dès le premier air, c'est le désastre. La voix chevrote, la justesse laisse à désirer. On le siffle. Il s'effondre.

« J'étais entré en scène en chanteur inconnu, et en une heure, j'étais devenu un mauvais chanteur inconnu. »

C'en est trop. Le lendemain soir, il a pris sa décision, et déclare à Adua qu'il renonce.

« J'abandonne. Je n'y crois plus. Même ma voix n'y croit plus. »

Pourtant, il doit encore monter sur scène, une dernière fois, pour donner un petit récital au théâtre de Salsomaggiore. S'il ne tenait qu'à lui, il annulerait le concert. Il s'arrêterait tout de suite. Mais il a signé et l'engagement est pris depuis longtemps...

Tant pis pour l'auditoire, se dit Luciano, en tentant une fois encore de retrouver sa belle voix. Puisque c'est écrit, il ira effectivement à Salsomaggiore. Mais pour un dernier concert, « son » concert d'adieu... Ensuite, il reviendra à Modène, à Adua, et sans doute aux assurances.

« Curieusement, cette décision ne m'a pas abattu. Bien au contraire. J'ai été envahi d'une étrange énergie. Peut-être parce que j'étais certain de chanter pour la dernière fois, que je n'avais malgré tout que vingt-cinq ans, et que j'avais encore toute la vie devant moi. Peut-être aussi parce que je ne me sentais plus si frénétiquement concerné par mes prouesses de chanteur. »

Il est neuf heures du soir lorsqu'il monte sur la scène du petit théâtre de Salsomaggiore. La salle est comble, et Luciano bizarrement détendu. Ce n'est pas qu'il soit « ailleurs », non. Pas encore. Il est simplement détaché de toute angoisse, libéré de toutes les questions qui le harcèlent depuis des mois. Son esprit est léger comme une bulle, comme une bonne conscience : celle que procure la certitude que l'on vient de prendre une sage décision au bon moment. Et puis Adua l'attend. Adua qu'il pourra très vite épouser puisqu'il reprendra un travail, un vrai, qui rapporte un bon salaire, la sécurité, le confort, un toit.

Les musiciens finissent d'accorder leurs instruments. Le chef d'orchestre lève sa baguette. C'est le moment, c'est la mesure : Luciano prend puissamment son souffle...

Et d'un seul coup...

« J'avais peut-être, au fond de mon inconscient, l'absolue certitude que ce renoncement serait la plus belle erreur de ma vie et tout mon être a réagi. »

Il se passe... un miracle. Comme le dit encore Luciano aujourd'hui, jamais il n'a si bien chanté.

Comme par enchantement, les nodules ont fondu. La voix est pure, souple, bouleversante.

Dans la salle le public est debout, criant son plaisir et sa gratitude à pleins poumons, frissonnant d'émotion, presque autant que Luciano. D'un seul coup, ses sept années d'étude, de technique, de vocalises, les conseils d'Arrigo Pola et ceux d'Ettore Campogalliani semblent porter son chant dans le plus pur des achèvements.

Et si le prodige n'a pas lieu à la face du monde, si son public, subjugué, qui roule des salves d'applaudissements et de bravos, n'est pas celui des grands théâtres, qu'importe... Luciano a retrouvé la foi. Et la forme.

« Un nouvel échec, pire, une prestation moyenne, et je terminai vraiment ma carrière ce soir-là... »

Au lieu de quoi, il retrouve Adua. Et quand il la prend dans ses bras, ce n'est pas pour lui annoncer son renoncement, mais pour lui avouer, radieux, profondément touché par ce qui est, pour lui, de l'ordre de la révélation :

« Ça y est, tu sais... Je suis enfin prêt. »

***

Psychologiquement, ce succès va marquer le point de non-retour de la carrière de Luciano Pavarotti. Maintenant qu'il sait, qu'il est sûr de lui, il peut prendre des risques. Oser. Désormais, il continue d'étudier, mais il n'hésite plus à s'inscrire dans de nombreux concerts, et tant pis s'ils sont obscurs, et totalement ignorés par les mélomanes internationaux ; tant pis s'il n'y est pas systématiquement « premier ténor ». L'essentiel est de chanter, de se produire sur scène, et de se faire entendre...

Et voilà son nom imprimé sur toutes les affiches que les gardes champêtres épinglent aux façades des mairies, dans les petits bourgs qui parsèment la campagne d'Émilie, tout autour de Modène. Le voilà embarqué dans le vieil autobus bringuebalant avec d'autres chanteurs en herbe, portés par le même espoir que le sien : sortir enfin de l'anonymat, voir leur talent triompher.

Sa voix ne le trahit plus. Son moral n'a jamais été meilleur. Mieux, la chance semble revenir.

C'est à Reggio nell'Emilia, non pas au grand Théâtre qui verra, comme on le sait, ses véritables débuts, mais sur la scène de la salle Ariosto, où il doit se produire, qu'il décide de soumettre sa voix à un test décisif. Pour cela, il choisit de chanter l'une des arias les plus difficiles qu'on ait jamais écrites pour un ténor : « Parmi veder le lagrime », extrait de *Rigoletto*. L'exercice est périlleux, mais le verdict en est irréfutable. S'il triomphe dans cet air, rien, plus jamais, ne le déstabilisera.

Ce test, Luciano le fait pour lui. Il n'a pas encore totalement oublié « l'accident » et les nodules. Jusque-là, il s'est cantonné dans un répertoire prudent, sur lequel il monte indéfiniment les gammes de sa voix. Cette prudence, il n'a pas l'intention d'y renoncer. Il sait qu'elle est synonyme, dans la carrière, de longévité. Mais une fois, une fois seulement, pourquoi ne se soumettrait-il pas à l'épreuve du feu ? Une preuve par neuf qui balaierait ses doutes et ses angoisses.

Les semaines qui précèdent le concert de Reggio nell'Emilia, Luciano, avec le pouvoir de concentration qui le caractérise, étudie sans relâche. Il lit et relit le livret. Il entre dans la peau de son personnage, ce duc de Mantoue, grand libertin devant l'Éternel et devant ses courtisans, qui donne fête sur fête pour tenter d'assouvir sa soif de divertissement... et de conquêtes féminines.

Ah ! ce livret ! Tout y est pour rester fidèle au goût délirant de Victor Hugo pour le mélodrame. Francesco Maria Piave en adaptant *Le Roi s'amuse*, comme il l'avait déjà fait pour *Hernani*, s'est appliqué à respecter l'action et le texte du génial poète qu'il se contente de traduire le plus souvent en le resserrant pour le rendre plus percutant, tout en restant au plus près de la psychologie des personnages : le cynisme du duc, l'aveugle assistance de son bouffon, le bossu Rigoletto, qui est aussi disgracié et pathétique (hybride de l'Homme qui rit et de Quasimodo) que sa fille est belle, jeune, charmante — bref, soprano en diable. Gilda, c'est son nom, est si jolie que son bouffon de père, bien instruit des mœurs de la cour, la cache aux yeux du monde et la fait élever dans la plus parfaite religiosité. Las ! Le duc de Mantoue et Gilda finissent, comme l'exige la loi du genre, par se rencontrer à l'église, et tomber follement amoureux l'un de l'autre. Et lorsque, après de sombres complots et de machiavéliques machinations, le duc de Mantoue découvre qu'on a enlevé Gilda, il chante au commencement de l'acte II cette fameuse aria « Parmi veder le lagrime », « Il me semble voir les larmes ».

Et quelle aria ! Tout le romantisme du désespoir amoureux est là, dans cette lente et douloureuse mélodie, soutenue au début par les seules cordes. Pour l'interprète, il faut tout à la fois susciter une émotion véritable et bien sûr se jouer de toutes les difficultés vocales.

C'est exactement ce que cherche Luciano en choisissant ce morceau de bravoure : éblouir et émouvoir avec cet air, si difficile que peu de ténors, dans ces petits concerts, osent le programmer à leur répertoire.

Va-t-il réussir ce double pari ? La voix, la maîtrise, mais aussi la chance sont de retour ! Luciano, quand il monte enfin sur scène, avant même de commencer à chanter, aperçoit juste devant lui, bien installé au premier rang... le grand ténor Ferrucio Tagliavini qui a chanté le rôle du duc dans l'enregistrement de 1947 chez RCA.

Sa présence n'a en fait rien d'étonnant. Le chanteur est de Reggio nell'Emilia, mais son internationale notoriété aurait pu le porter sur une scène, à l'autre bout du monde. Quel Dieu a guidé ce soir-là ses pas vers la salle Ariosto ? Et l'on imagine l'émotion, la jubilation aussi de Luciano à l'idée de chanter devant l'un des meilleurs spécialistes du moment ! Si Tagliavini est ému, s'il applaudit, même s'il est le seul dans toute la salle à le faire, alors, il saura enfin. Définitivement.

« Mieux qu'à n'importe quel autre moment, j'ai compris l'importance de garder une totale maîtrise sur soi et sur ses nerfs. Ce genre d'émotions inattendues, qu'elles soient joie ou tristesse, peut briser votre technique. J'ai compris qu'il fallait utiliser toutes ces émotions, toutes ces énergies, les endiguer pour mieux chanter. C'est une leçon qui s'apprend "sur le tas", mais qui est aussi importante que la technique du souffle ou celle de l'articulation. » Alors Luciano chante, et mesure l'effet de sa voix aux réactions de Tagliavini. Il n'a maintenant plus le moindre doute. Comme il l'a annoncé à Adua, il est enfin prêt. Sûr et certain de sa forme et de sa voix.

Et c'est le cœur confiant qu'il décide de s'inscrire, en janvier 1961, au concours Achille Peri, ouvert à tous les chanteurs de la région d'Émilie.

S'il le gagne, et pas un moment il ne doute d'y parvenir, il pourra trois mois plus tard chanter intégralement Rodolfo, dans un véritable opéra, accompagné par un grand orchestre devant un vrai public de mélomanes avertis.

C'est ce premier prix qu'il emportera, de très loin, qui sera le début d'une formidable aventure, laquelle débouchera entre autres sur une reprise du rôle du duc de Mantoue dans le *Rigoletto* filmé en 1983 par Jean-Pierre Ponnelle.

6

DU SUCCÈS D'ESTIME... AU SUCCÈS ET... À L'ESTIME

Ronronnant sous les compliments, Luciano n'en est pas moins convaincu d'avoir encore beaucoup à apprendre. D'ailleurs son père ne manque pas de le lui répéter. « Allons, travaille encore, untel ou untel était meilleur. »

Et même s'il lui arrive parfois d'en douter, Luciano reconnaît volontiers qu'il manque d'expérience. Encore une fois, la chance, sous les traits de l'omniprésent Alessandro Ziliani, va lui fournir l'occasion de pallier ce petit défaut.

« Luciano, le Maestro Tullio Serafin cherche un duc pour une production de *Rigoletto* qu'il doit diriger à Palerme. »

Maestro Serafin ! Luciano n'en croit pas ses oreilles. Toscanini disparu, Serafin est le seul survivant d'une époque extraordinaire qu'il a marquée de sa sévère personnalité. Il n'est pas une pièce du répertoire qu'il n'ait dirigée. Pas un orchestre de qualité qu'il n'ait conduit. Il est allé partout, souverain, indomptable. Et dans la mémoire collective des Italiens, il est devenu un symbole, un mythe !

N'est-ce pas lui qui a tenu tête à Mussolini en

créant à Rome, au nez et à la barbe du Duce, le « subversif » opéra d'Alban Berg *Wozzeck* interdit en 1933 par les nazis en Allemagne et en Autriche ?

Songez qu'il a tenu au bout de sa baguette, à un demi-siècle d'intervalle, Dame Nellie Melba et la grandissime Maria Callas !

Le Maestro Serafin ! Luciano Pavarotti note d'une écriture fébrile le rendez-vous que son imprésario lui a pris, à Rome. Et dans le petit café, situé juste en face du domicile du chef d'orchestre, où il est arrivé avec plus d'une heure d'avance, il s'efforce de respirer calmement, invoquant la protection de San Geminiano, le saint patron de Modène, dont les restes reposent sous le marbre du Duomo.

Au quatrième capuccino, son cœur bat la chamade. La main plongée dans la poche de sa veste, il esquisse — à toutes fins utiles — la « gettatura », les cornes qui conjurent le mauvais sort. Ces tics de superstition propres aux marins... et aux chanteurs lyriques qui n'empêchent pas ce jour-là ses jambes de trembler lorsqu'il ne peut plus reculer. C'est l'heure. Il lui faut maintenant traverser la rue. Il règle ses consommations, et marche droit devant lui, la sueur dégoulinant entre ses omoplates. Comme dans un rêve, il monte, sonne, et s'engouffre, plus mort que vif, dans le grand salon que lui ouvre une soubrette. A peine la porte s'est-elle refermée derrière lui qu'il n'a plus qu'une idée : repartir. Trop tard !

L'octogénaire Maestro, à la chevelure blanche, est déjà devant lui. Il le salue sobrement d'un bonjour neutre puis se retourne vers la jeune fille :

« Rosina, apportez un verre d'eau à ce jeune homme. »

Luciano lève la main, bafouille qu'il ne veut pas déranger. Qu'il vient de boire et n'a pas soif.

« Le verre, Rosina », interrompt le Maestro.

Et, sans autre forme d'explication, il amarre fermement sa victime au grand piano noir... et lui fait chanter, non pas un air ou deux, comme s'y attendait Luciano, mais *Rigoletto* en entier, de la première à la dernière note.

« A la fin du deuxième acte, j'étais épuisé. Et... j'ai dû m'interrompre pour boire. Le signore Serafin a souri pour la première fois, et s'est contenté de dire : j'étais sûr que vous auriez besoin de ce verre... »

C'est cela l'exigence des grands, se dit Luciano. Avec épouvante d'abord. Avec admiration très vite. Et finalement, avec jubilation, surtout lorsque le terrible vieux monsieur laisse tomber, à la fin de l'audition :

« Vous pouvez prendre votre billet pour Palerme. »

Quelques minutes plus tard, totalement abasourdi, Luciano se retrouve dans la rue, où il se répète, pour mieux y croire, les paroles du Maestro...

Palerme ! Il va vraiment chanter à Palerme, au théâtre Massimo, qui compte quelque deux mille cinq cents places ! Il va chanter dans une belle production avec un géant en guise de chef !

Quelle exaltation de travailler avec quelqu'un d'aussi rigoureux, d'aussi perfectionniste. Luciano enregistre la moindre de ses remarques ; il sait qu'au-delà du travail de répétition il va bénéficier de toute l'expérience de ce formidable musicien, totalement inflexible... et totalement généreux.

De ces moments précieux, Luciano retient d'abord que « rien n'est définitivement acquis ». Comme le lui a dit Gigli quelques mois plus tôt, il ne faut jamais cesser de travailler. Ce vieux lion de Serafin, bien qu'il ait dirigé *Rigoletto* des centaines de fois, aborde l'œuvre de Verdi comme s'il la découvrait, ou presque ! Chaque aria est assortie de ses commentaires, de ses réflexions. A quatre-vingts ans, le Maître continue de chercher la meilleure interprétation possible...

Ensuite Tullio Serafin va lui donner l'exemple de l'ouverture d'esprit que doit manifester un grand professionnel. Bien que le Maestro ait la réputation d'être dictatorial, Luciano découvre qu'il sait écouter les interprètes... et qu'il reste capable, jusqu'à la générale, de modifier ses directives selon les qualités propres à chaque artiste. C'est ainsi qu'un jour où ils sont en train de répéter, le Maestro interrompt brutalement le duc de Mantoue, alias Luciano, qui, tout fier de ses aigus, enjolive un peu trop une aria.

« Je vous interdis absolument de tenir cette note aussi longtemps », s'écrie-t-il.

Pour finalement, lors de la générale, mi-ronchon, mi-ravi, certain en tout cas d'avoir en ce jeune ténor un matériel vocal tout à fait exceptionnel, bougonner :

« Après tout, tenez-la, cette note. Ce n'est pas très orthodoxe, musicalement parlant, mais c'est parfait pour votre voix... », rajoutant une petite étincelle goguenarde au fond de l'œil : « Mais rappelez-vous quand même que la moitié des applaudissements sera pour moi ! »

Les applaudissements seront effectivement suffisamment nourris pour être partagés. En cette soirée du 6 février 1962, le public sicilien baigné d'allégresse, enivré par l'odeur des jasmins qui embaume toute la ville, applaudira à tout rompre, debout dans la salle, pendant plus de quinze minutes !

« J'ai été ce soir-là l'homme le plus heureux d'Italie », se souvient encore Luciano, le cœur débordant de reconnaissance pour le grand Tullio Serafin qui, cinquante-six ans plus tôt, dirigeait un autre *Rigoletto*. C'était à l'Opéra de Paris. Et le rôle du duc de Mantoue était tenu par un certain Enrico Caruso. L'inégalable et l'inégalé, selon son père.

« On verra bien », se dit Luciano...

***

Devenu un ténor professionnel, il est toutefois bien obligé de convenir qu'au-delà des souvenirs de scène irremplaçables, de l'estime des grands et des efforts de son imprésario qui ne cesse de se battre pour lui, les engagements restent hélas bien rares...

Pourtant, grâce au signor Ziliani, Luciano décroche des contrats qui l'amènent à beaucoup voyager. Dans les mois qui suivent la représentation de Modène, Adua et lui ne se verront guère sans pourtant qu'aucun des deux ne s'en plaigne : voilà enfin les fameuses scènes internationales dont il avait rêvé ! Amsterdam, où il se produit dans *Lucia di Lammermoor*, Rotterdam et même... Vienne où il chante encore une fois *Rigoletto !*

Mais tout cela reste bien aléatoire, et c'est toujours par la petite porte qu'il entre dans les théâtres. Nous sommes loin des agendas remplis avec cinq ans d'avance et des chèques en or massif qu'il touchera plus tard. Pourtant Luciano est serein. Il a ce qu'il voulait : chanter, devant un véritable public, avec de véritables professionnels.

Heureusement, à Modène, Adua gère le quotidien à petits frais. Dans cet heureux temps de l'enthousiaste jeunesse, ce n'est pas le montant des chèques qui importe le plus : ce sont les critiques, et la réaction constante du public à chacune de ses apparitions.

A Carpi, cité provinciale, ou à Vienne, les amateurs d'opéra l'ovationnent. Tous ses doutes, toutes ses frustrations fondent à la chaleur des applaudissements. Et c'est à son public qu'il pense lorsqu'il ronge son frein, chez lui, entre deux représentations.

« "Nous n'avons plus entendu chanter comme ça depuis tel ou tel chanteur", écrivaient les critiques. Et les directeurs de théâtres vous félicitaient après le spectacle. Et puis vous rentriez chez vous. Et vous restiez suspendu au téléphone à attendre les propositions, et rien n'arrivait et vous vous disiez que le monde de l'opéra est bien étrange... »

Luciano a appris à chanter. Il lui reste à découvrir les règles du succès. Dans les arcanes du lyrique, la chose n'est pas facile. Il comprend qu'il y a un pas à franchir, — mais quel pas ! — entre le succès d'estime, et le succès inconditionnel :

« Pour être engagé dans les grands théâtres, il ne suffit pas d'être bon, ni même excellent. Il faut aussi être célèbre. Et le devenir avant que la qualité de votre voix ne commence à baisser. »

Alors, comment faire ? Luciano continue de se voir préférer les stars de l'époque, même lorsqu'elles sont en fin de carrière parce que ce sont leurs noms qui remplissent régulièrement les salles. Avec Mario del Monaco, Giuseppe Di Stefano, Franco Corelli, Carlo Bergonzi, quels que soient leurs programmes, les amateurs d'opéra se bousculent devant les guichets.

Il le comprend ; il l'évoquera souvent quand il me parlera de ses débuts : rien n'est plus difficile que de se faire un nom dans le monde du lyrique. Les représentations ne touchent qu'un public d'amateurs, et il est rare que celui-ci, s'il a applaudi un ténor à Londres, prenne l'avion pour aller l'écouter à Vienne.

Les opéras ne sont pas — du moins, pas encore dans ces années soixante — retransmis dans le monde entier par la télévision. Chaque succès semble enfermé dans un cercle, terriblement difficile à franchir...

Alors, pendant deux années encore, Luciano domine son impatience et reste à Modène, aux côtés de la merveilleuse Adua, qui continue de faire face à tous les problèmes et à toutes les difficultés. Adua qui rassure Luciano quand le doute l'ébranle. Qui s'occupe des comptes et pourvoit aux imprévus quand les maigres cachets sont épuisés. Adua qui saura évoluer avec lui, et passer des encouragements des débuts incertains, à la gestion de la carrière de Luciano, veillant à son confort, à son repos, à ses vacances... et à son régime, sans que jamais le succès ne lui monte à la tête. Conservant, envers et contre tous les assauts (et Dieu sait si le succès a fait perdre la tête à plus d'un ou plus d'une !), les qualités chères au cœur de Luciano : celles d'une vraie compagne.

Trois filles vont naître de ce mariage, dont elle assumera sans ciller la parfaite éducation, en même temps qu'elle sera la collaboratrice de son époux : historiographe, gestionnaire, parfois même cerbère, pour préserver, tant que faire se peut, cette vie de famille qu'il est si difficile d'harmoniser avec ce métier. Elle classera les lettres des nombreuses et passionnées admiratrices, que Luciano recevra bientôt du monde entier, comme elle empilera soigneusement les gigantesques écharpes et pull-overs que ces inconnues lui tricoteront avec amour... et quelques fantaisies parfois.

L'œil à tout, le geste et l'honnêteté carrés, elle fait preuve d'un bon sens à toute épreuve. Et d'une confiance abyssale en l'homme de sa vie.

« Tu triompheras », lui dit-elle une fois encore, quand il part pour Dublin, où Ziliani lui a trouvé un engagement.

Et même si ce triomphe prend des chemins détournés : ceux, une fois encore, de la chance... Adua ne se sera pas trompée.

***

C'est effectivement à Dublin que le destin de Luciano va prendre une nouvelle orientation. Il y est venu pour chanter un *Rigoletto* qui n'aurait pas dû laisser de trace importante dans sa biographie si le hasard n'avait organisé l'un de ses providentiels rendez-vous.

La chance de Luciano, ce soir-là, porte un nom, Joan Ingpen. Ne cherchez pas dans le Who's Who des divas : Madame Ingpen ne chante pas ; elle fait mieux : elle fait chanter. Joan Ingpen est en effet responsable des distributions à Covent Garden, le temple londonien de l'opéra. Des fonctions extrêmement importantes qui impliquent, dans le monde fermé du lyrique, une cour assidue des imprésarios et des professionnels gravitant autour d'elle. Mais quel casse-tête et quelle énergie pour résoudre les problèmes inhérents à ce poste !

Vu d'un fauteuil d'orchestre, ce travail ne semble pas surhumain. Certains s'imaginent qu'il suffit d'aligner sur une feuille de papier le nom des meilleurs interprètes en se contentant de leur distribuer les rôles qui leur conviennent le mieux... Et puis d'établir la liste des œuvres à programmer dans les saisons à venir...

Rien n'est plus faux. Encore faut-il au-delà des très contraignantes considérations financières, faire preuve d'une rare maestria pour éviter tous les pièges et tous les aléas de la fonction. Savoir qu'il est préférable d'obtenir l'homogénéité des voix et du style de l'œuvre plutôt que de miser sur le vedettariat de l'un ou l'autre des rôles titres. Mais que par ailleurs les divas invitées assureront la rentabilité de la production... Bref, l'exercice est hautement périlleux !

« Faire une distribution », c'est jouer en permanence avec ses nerfs : les chanteurs convoités ont des plannings plus remplis que ceux des chefs d'État. Seront-ils disponibles ? Leurs cachets montent et descendent comme les cours de la Bourse en période électorale. Comment les prévoir, voire les prévenir ? Car les divas, hommes ou femmes, talent oblige, ont des caprices, des phobies, des maladies, des vacances, et même des bébés !

Pauvre Joan Ingpen... En ce joli mois de mai 1963, elle a perdu le sommeil ! Pour la prochaine saison, elle a programmé Giuseppe Di Stefano dans *la Bohème*. Justement parce que son nom doit attirer un énorme public : mais elle sait cependant aussi que l'homme a vieilli, et qu'il n'a toujours pas renoncé sur scène à ces imprudences qui l'ont rendu si célèbre : s'il sent le courant passer, il se donne à fond, sans retenue, jusqu'à l'épuisement... et parfois même jusqu'à l'extinction de voix.

L'expérience des nombreuses annulations dont Di Stefano est coutumier avait poussé Joan Ingpen à la circonspection : sans toutefois trop d'angoisse car elle avait prévu, si le célèbre ténor était malade, de le remplacer, le temps qu'il se remette, pour une ou deux représentations, par celui de Covent Garden. Lequel vient, hélas, de décider de prendre ses vacances juste à ce moment-là... Autant dire que si Di Stefano est aphone, Joan, sans doublure, court droit à la catastrophe.

Il lui faut donc, de toute urgence, trouver un jeune ténor, assez professionnel pour ne pas ulcérer le public, mais assez anonyme pour accepter de venir à Londres... pour ne pas chanter si Di Stefano assure toutes les représentations.

Mais où et comment dénicher cette perle rare ? Et

d'ailleurs existe-t-il seulement ?... Pour dix bonnes sopranos on rencontre à peine un ténor convenable ! Effondrée, Joan décide de partir soigner son angoisse dans son Irlande natale. Elle a besoin de vacances pour faire face au désastre qu'elle pressent.

Aussi ne croit-elle plus en rien lorsqu'elle prend sa place au contrôle du Gaiety Theater, qui affiche *Rigoletto*. Même la soirée lui paraît compromise. Le pape Jean XXIII est agonisant, on attend la nouvelle de sa mort d'une minute à l'autre, et dans un pays aussi catholique que l'Irlande, nul doute que l'opéra sera annulé.

Heureusement pour nous et pour Luciano, il ne l'est pas. Et dès les premières notes chantées par le duc de Mantoue, Joan a pour lui les yeux... et surtout les oreilles, de la belle Gilda. Elle est sidérée par la voix. Mieux ! Elle est conquise par ce garçon un peu gauche, qui arbore l'expression et la mobilité des horse-guards, mais qui possède un timbre éblouissant, et une technique infaillible !

Plus il chante, plus elle se sent euphorique, légère. Elle l'a devant elle, la solution. Et quelle solution : nous sommes bien loin d'un pis-aller ! Si Di Stefano se décommande, elle offrira, au public exigeant de Covent Garden, non pas une doublure... mais une révélation !

Dès la fin de la représentation, Joan Ingpen se précipite dans la loge de Luciano, et lui propose le cœur battant son marché. Pour Luciano, il s'agit plus d'un pari que d'un contrat, et d'un pari peu glorieux ! Que Di Stefano affiche une forme exceptionnelle, et il repartira pour Modène toujours aussi obscur et encore plus bredouille. Même si Joan promet, dans ce cas de figure désastreux (pour lui, pas pour elle), en guise de consolation : une représentation. Une seule. Et pas la plus prestigieuse...

Mais Luciano est joueur. Les défis, il adore cela. Covent Garden, il ne cesse d'en rêver. Il ne laissera pas passer l'aubaine.

Et puis... Covent Garden, c'est d'une certaine manière la porte ouverte sur le public anglo-saxon.

Tout le public anglo-saxon. Avec, à l'horizon, celui de la terre promise, cette Amérique qui a fait rêver plus d'un Italien.

Quand il débarque à Londres, quelques mois plus tard, comment résisterait-il à la tentation de prier le Ciel pour qu'un anodin petit virus, très passager et somme toute inoffensif, prenne pension dans l'organisme de son compatriote, dont le nom brille depuis si longtemps en haut des affiches ? Un soir ou deux seulement, supplie-t-il sans doute. Après tout, Di Stefano n'en est plus à une annulation près...

« Et puis, si rien ne se passe, de toute façon, j'apprendrai bien quelque chose dans cette aventure », se dit-il, philosophe.

L'anglais, par exemple, dont il a ingéré, grâce à sa prodigieuse oreille, les rudiments à l'école de Modène.

« C'était même ma matière forte. Mais il me restait à me perfectionner. »

En fait, sa modestie lui venait d'une expérience amusante, vécue neuf ans plus tôt, lorsqu'il s'était rendu au Pays de Galles, sous la houlette du Maestro Livio Borris, avec la chorale Gioacchino Rossini au grand complet.

« Je ne comprenais absolument rien. Et les Gallois ne me comprenaient pas davantage.

— Normal, lui avait-on juré. Ici, ils ne parlent que le patois.

— Sur le moment, dans la fièvre de cette compétition à laquelle notre chorale s'était inscrite, et dans l'allégresse du premier prix que nous avions remporté de haute lutte, je m'étais satisfait de cette explication. Mais là, quand je suis arrivé à Londres, quelle angoisse ! Force m'a été de me rendre à l'évidence : ou bien tous les Britanniques parlaient la langue du Pays de Galles, ou bien mon prof d'anglais de Modène n'avait jamais traversé le Channel... »

Qu'à cela ne tienne ! Londres est brumeux. Les répétitions ardues. Et la crainte qu'elles n'aient lieu, pour lui, qu'en pure perte, le pousse à occuper son esprit.

Avec le sens pratique qu'on lui connaît maintenant, et la ténacité qui le caractérise, Luciano, sitôt ses vocalises terminées, s'enferme dans le petit hôtel où il réside. En guise de travaux pratiques, il allume la télévision et, jusqu'à l'épuisement, s'imbibe de toutes les émissions que distille la BBC. Et la méthode fonctionne si bien qu'il va devoir se surveiller pour ne pas perdre cette petite pointe d'accent du Sud dont raffolent les Britanniques.

Ce que Luciano ne sait pas encore c'est que, grâce à son assiduité devant son poste de télévision, dans quelques semaines il sera, au pays de sa Très Gracieuse Majesté, une vedette. Car comme le redoutait Joan Ingpen (et comme l'espérait sûrement Luciano), Giuseppe Di Stefano ne chantera qu'un seul soir.

Et c'est lui, Luciano Pavarotti, petit ténor encore inconnu, qui prendra la relève pendant toutes les autres représentations.

Des représentations qui se terminent immanquablement sur les mêmes bravos, le même ravissement, les mêmes ovations. Personne, ni dans le public, ni chez les critiques, ne regrette l'absence du grand Di Stefano...

On a beau savoir que toute l'histoire de la Musique est émaillée de ce genre d'anecdotes (un violoncelliste obscur prend la baguette d'un chef d'orchestre contesté et devient ainsi le grand Toscanini ; une débutante haute comme trois pommes remplace Maria Callas au pied levé et, l'espace d'un soir, naît la sublime Renata Scotto ; Marilyn Horne souffrante, c'est une petite soprano espagnole que personne ne connaît qui chante à sa place et qui révèle en une soirée la Caballé), oui, on a beau le savoir, on éprouve toujours le délicieux sentiment de vivre un miracle.

C'est un peu ce que ressent Luciano à l'heure où il devient l'enfant chéri des mélomanes londoniens. Oubliées les longues heures passées à se préparer. Évanouis les moments de découragement, les nodules dans la gorge. Ce soir-là, il est sur un petit nuage.

Et c'est sans le moindre agacement qu'il déchiffre le télégramme que lui adresse son père, qui a écouté à Modène la retransmission de l'opéra sur son poste de radio et qui lui écrit : « C'était bien, mais tu dois encore travailler, Giacomo Lauri-Volpi était meilleur. »

Non, il n'est pas vexé, ni agacé. C'est devenu presque une plaisanterie entre eux. A tel point que lorsqu'il triomphera au Metropolitan Opera, à New York, quelques années plus tard, Luciano s'offrira le luxe de se précipiter dans sa loge, alors que le public le réclame encore, et d'envoyer un télégramme à son père ainsi rédigé :

« Je sais, papa. Caruso était meilleur... »

Mais revenons à l'instant où les Londoniens l'acclament. Son succès est si flagrant, si incontesté, que déjà dans les coulisses, tout le monde assortit son nom du préfixe « lucky ». « Lucky Pavarotti. » Luciano-la-Chance...

Il se sent désormais parfaitement chez lui, et suffisamment maître de la langue de Shakespeare, pour comprendre, et admettre, que ce sobriquet lui va comme un gant. Et cette fois, la chance ne le quittera plus. Les années de purgatoire sont derrière lui.

7

L'ANNÉE DES TROIS GRÂCES

Oh oui, on l'aime, en Grande-Bretagne. Et pas seulement le public averti des mélomanes. Pour preuve, on lui annonce, un beau soir, que la très respectable BBC serait honorée de le recevoir.

Accepterait-il d'être l'invité de « Sunday Night at the Palladium ? »

Il a suffisamment regardé le petit écran dans sa chambre d'hôtel, pour savoir que cette émission n'est ni réservée à une petite élite, ni programmée à une heure trop tardive.

« Sunday Night at the Palladium », c'est l'émission la plus populaire que propose en cette année 1964 la télévision britannique. Un podium où défilent les stars du monde entier...

« Mais je n'ai jamais fait ça, je dois me préparer, argue-t-il, avec sa prudence habituelle.

— Pas question. C'est tout de suite ou jamais. »

Il hésite, pris de panique. Son entourage le persuade d'y aller : allons, il a triomphé sur scène ! Qu'y a-t-il de plus difficile que de convaincre un public de mélomanes ? Et avant même qu'il ait pu balbutier un argument, on le pousse dans un taxi. En route pour les studios de la BBC !

Lorsque l'on évoque cet incident, Luciano sourit encore :

« Oui, ça s'est fait au pied levé. Au débotté. Et c'est le cas de le dire : je venais tout juste de prendre ma première leçon d'équitation. »

Tous ceux qui sont, au moins une fois dans leur vie, montés à cheval, savent combien cette initiatique expérience peut être ravageuse... pour les arrières. Luciano fait tout le trajet qui le sépare du studio assis... sur une escalope !

Sur le plateau, il aimerait qu'on lui explique ce que l'on attend de lui. Ce qu'il doit faire. Mais personne n'a le temps de le lui dire. C'est un direct... et ça tourne !

Alors, oubliant son coccyx meurtri, sa timidité, le trac qui le paralyse, il fait ce qu'il sait le mieux faire au monde, ce qui a conquis les Londoniens, et... somme toute, ce pourquoi on l'a invité : il chante !

Il chante ce qu'il aime, ce qui lui a toujours porté bonheur : l'aria de *la Bohème*, « Che gelida manina ». Et puis, l'euphorie aidant, il se laisse aller au ravissement éprouvé à faire connaissance avec une tout autre scène, un tout autre public. Comme en Italie, lorsque de nouveaux amis vous invitent à leur fête, il se donne tout entier, et entonne, dans la foulée... des chansons napolitaines !

Du coup, sous la chaleur de sa voix, séduite par le romantisme de ces sérénades du Sud qui ruissellent d'amour, de joie de vivre et de bonheur, la flegmatique Albion lui tombe extatique dans les bras.

Ah, quelle présence ! Ah, quel sourire ! Ah quel exotisme, et surtout, quelle voix si radieuse, si solaire ! Luciano « fait un tabac ».

Les organisateurs de l'émission qui l'avaient invité (ils l'avouent enfin) pour remplacer Giuseppe Di Stefano, toujours aphone, ne veulent personne d'autre pour le programme suivant. Luciano ne se le fait pas dire deux fois.

Il prend le temps de se préparer, de se faire conseiller afin de rectifier, le cas échéant, une ou deux erreurs. Car il a parfaitement saisi l'extraordinaire champ d'action que le petit écran peut lui ouvrir. Il se souvient des années d'attente, de la difficulté de s'imposer d'un pays à l'autre, d'un public à l'autre.

D'instinct, il a dosé, lors de sa première émission, l'art lyrique et la musique populaire. Son expérience de la scène, même courte, et ses maîtres, à leur manière, lui ont appris que « rien n'est jamais acquis ». Et que personne n'a intérêt à trop se prendre au sérieux.

C'est donc encore d'instinct qu'il trouve, et impose, ce ton naturel, gentil, bon enfant, qui fait fondre les téléspectateurs. Avec une grande intelligence, il comprend qu'il peut, qu'il doit, briser les barrières qui séparent l'intelligentsia des mélomanes, du public populaire. Son intérêt, son avenir, passent par l'amour que tous ces gens lui porteront un jour. Et plus ils seront nombreux, plus il sera célèbre.

La célébrité, cette petite chose qui correspond au meilleur contrat d'assurance-vie professionnelle des chanteurs lyriques.

En quelques jours, il constate les effets de son apparition à la télévision. On l'arrête dans la rue pour lui demander des autographes. On le salue gentiment. Les chauffeurs de taxi, les commerçants, les badauds le félicitent...

La parenthèse audiovisuelle s'est inscrite dans l'esprit de Luciano : s'il sait travailler son image et gérer ses apparitions, sa popularité dépassera — et de loin — les frontières de ces grandes maisons aux plafonds dorés et aux frontons intimidants que sont les opéras.

Jamais il n'oubliera cette leçon : mieux, il ouvrira une voie nouvelle. Derrière lui, et de plus en plus, les stars du classique le suivront. Loin de bouder cet instrument à l'usage de tous, ils prendront, comme Luciano, le chemin des studios de télévision. En rangs serrés. Avec, comme le leur a aussi enseigné le Maestro Pavarotti, quelque canzonetta, zarzuela ou autres negro spirituals, intercalés dans leur répertoire, selon la nationalité de l'interprète.

***

Le proverbe l'affirme : un bonheur ne vient jamais seul. Pour Luciano, Covent Garden générera d'heureuses conséquences. Comme si le destin s'était brusquement rappelé ses obligations, comme si, vingt-neuf ans après la naissance de Luciano, à quelques jours du terme des dix ans que Fernando avait donnés à son fils pour réussir, ce même destin s'était enfin penché sur lui pour lui accorder trois grâces. Et quelles grâces !

La première, c'est la télévision, on l'a dit. La deuxième, c'est une invitation des plus flatteuses qui porte un nom prestigieux, Glyndebourne !

Un théâtre qui s'enorgueillit d'avoir vu débuter tous les grands artistes de notre époque. Le saint des saints britannique en matière de raffinement. Le lieu le plus chic et le plus snob qui soit dans le cénacle du lyrique. Un Festival de voix, mais celui aussi de la gentry : le Who's Who de l'opéra devant le Who's Who de la jet set. Et Luciano Pavarotti doit y chanter... Non pas bien sûr des airs napolitains. Pas « là ». Mais Mozart !

Plantons d'abord le décor de cette première, car c'est bien de cela qu'il s'agit, pour Luciano. Première quant au public. Première quant à l'ambiance. Première quant au répertoire. Et l'ensemble, aux antipodes de la nature et de l'expérience de notre jeune ténor.

L'histoire de Glyndebourne débute dans l'euphorie des années trente. Le XXe siècle est enfin et véritablement né, les horreurs de la Grande Guerre s'estompent jusqu'à n'être plus qu'un mauvais souvenir, un archaïsme dont on se croit débarrassé pour toujours. Le progrès apporte chaque jour une nouvelle merveille technique dont on ne se lasse pas de vanter les bienfaits. De colossales fortunes se bâtissent en quelques années, et les fêtes se succèdent, éblouissantes, pour célébrer l'avènement d'un âge que l'on croit d'or à jamais.

Au sommet de ce Gotha, trône en Angleterre un

richissime gentleman qui s'appelle John Christie. Une seule passion adoucit son farouche célibat : l'art lyrique. Pour satisfaire cet amour immodéré du chant, il parcourt le monde, d'un opéra l'autre. Il ne dit pas Milan, il dit la Scala. Il ne dit pas Paris, il dit le Palais Garnier. Il ne jure que par Salzbourg et Bayreuth, dont il ne manque jamais une saison, et dans la saison pas une soirée.

Un jour bien sûr, il lui arrive ce qui n'arrive que dans les romans à l'eau de rose, le milliardaire épris de chant rencontre une ravissante soprano, Audrey Mildmay. C'est le coup de foudre. John Christie épouse presque sur-le-champ la bienheureuse cantatrice et l'installe dans son superbe manoir du Sussex, au plus vert d'immenses pâturages.

Ils y sont très heureux. Que manque-t-il à leur amour ? Rien. Ou plutôt si, un petit quelque chose qui a toujours été indispensable à l'équilibre de chacun d'eux : un théâtre.

Une scène que l'on consacrera au lyrique, où le meilleur du public pourra venir applaudir la jeune épousée, sans qu'elle ait à courir le monde.

Reste à programmer la première représentation : Sir Christie adore Wagner. Lady Christie préfère Mozart. Comment ne pas céder devant une diva que l'on a, de surcroît, le privilège d'aimer ? Mozart l'emporte avec *les Noces de Figaro*.

Et le maître de maison ayant bien fait les choses, la soirée, pour les heureux *happy few* qui y assistent, va bien au-delà du succès, c'est un émerveillement.

Cela se passait en 1934. Pendant quatre saisons encore, Mozart régna sans partage à Glyndebourne, puis on monta Verdi qui ouvrit les portes aux autres grands du répertoire jusqu'à Benjamin Britten dont *le Viol de Lucrèce* fut donné en 1946. Depuis, cette même gentry continue de se rendre en pèlerinage en ce haut lieu où la légendaire qualité du festival ne s'est jamais démentie. Certes, le public s'est un tant soit peu élargi (la salle est passée de trois cents à huit cents places) et le financement est assuré par un club de mécènes, les fructueux revenus de l'élevage de bovins de Sir John Christie ne suffisant plus à pourvoir les coûteuses productions actuelles. Mais à ces deux détails près, rien n'a vraiment changé à Glyndebourne, et surtout pas les traditions qui donnent à ce festival sa couleur et sa qualité si particulières. Côté parterre, la tenue de soirée est obligatoire, ce qui débouche, à l'entracte, sur des scènes de pique-nique (avec, *of course*, argenterie, dentelles et champagne sur le gazon humide) dignes d'un film de James Ivory. Le *tea-time* est toujours servi dans le Mildway Hall avant les représentations. Enfin, côté scène, un très long, très sérieux et très minutieux travail préparatoire de répétitions assure une perfection rare, pour des ouvrages chantés obligatoirement dans leur langue d'origine.

A Glyndebourne, une « diva » ne va jamais directement de son avion à la scène, le temps d'une soirée : on l'invite bien à l'avance. Et pendant des semaines, elle doit répéter inlassablement le moindre récitatif, harmoniser jusqu'à la perfection l'équilibre d'un duo. Aucun détail n'échappe aux organisateurs. Les robes noires des choristes sont toutes du même noir et de la même coupe ; on contrôle jusqu'à la hauteur des talons de leurs escarpins. Et pour éviter quelques mauvaises surprises de dernière heure, chaque rôle est doublé, voire triplé.

Ce prodigieux raffinement accompagné d'un fantastique professionnalisme — et, au fond, d'un immense respect pour le public — n'est pas l'unique titre de gloire de ce festival : Glyndebourne se flatte, par-dessus tout, de jouer volontiers les Pygmalion. Depuis un demi-siècle, génération après génération, les plus belles voix y ont pris leur envol.

Teresa Berganza découverte par Gabriel Dussurget, rayonnant créateur du Festival d'Aix-en-Provence, a vu sa jeune réputation s'y affirmer définitivement, Janet Baker, Kathleen Ferrier inoubliable dans l'*Orfeo* de Gluck ou Mirella Freni, la « petite sœur » de Luciano... Toutes se sont révélées dès leur première apparition en ce lieu magique.

Encore faut-il savoir s'y adapter. Surtout lorsque

l'endroit reste le plus dépaysant possible, à la limite de l'insolite, aux yeux d'un jeune ténor italien aux manières rustiques, à l'expérience trop limitée pour l'instant.

A Glyndebourne, il ne s'agit plus de lancer des aigus affûtés comme des banderilles, tout en gardant imperturbablement les yeux au ciel et deux doigts posés sur le ventricule gauche. Il faut faire ses preuves auprès d'un public averti, redoutable, qui applaudit à gants feutrés et papote sur les délices de Salzbourg. Et de plus dans un répertoire que Luciano ignore totalement, qui demeure étranger à sa culture et à son expérience. En effet il doit interpréter Idamante, le héros d'*Idomeneo*. Un rôle de jeune prince amoureux et malheureux que Mozart avait écrit pour un castrat et qui aujourd'hui encore est souvent interprété par des femmes, et plus particulièrement par des mezzo-sopranos.

L'exercice est difficile pour Luciano. Il doit, dans le même temps, apprendre les finesses de ce nouveau phrasé, et les mystérieuses règles des convenances du *tea-time*. Très vite, pendant les répétitions, il comprend qu'il doit refréner sa naturelle exubérance méditerranéenne qui ne convient ni au genre de la musique, ni au public qu'il devra affronter. Chanter « à l'italienne » serait « shocking » pour les mélomanes, ainsi que pour ses partenaires rompus à des manières parfaitement policées.

Alors, comme toujours, il observe, écoute, analyse. Il fait même mieux : il se plie, il s'adapte. Et Dieu sait combien il est difficile, pour qui n'a fréquenté que Verdi ou Puccini, de pénétrer dans l'univers mozartien. Mais à force de travail, à force d'intelligence et d'application, il touche enfin au but : chanter sans faillir dans un registre qui n'est pas le sien, ébaucher un jeu de scène cher aux Anglo-Saxons, quand en Italie le public ne demande à ses ténors qu'une seule chose : donner de la voix.

Comme d'habitude encore, il suit parfaitement les conseils de son idole, Tito Schipa : il n'imite personne. Avec toute la technique que lui ont enseignée ses maîtres, il projette les notes les plus hautes avec une amplitude parfaitement contrôlée. « Stretto. » C'est-à-dire « droit et ferme ».

Et si son interprétation ne remporte pas tous les suffrages des critiques venus l'écouter, du moins arrache-t-elle avec son époustouflante « matière sonore » des salves d'applaudissements aux plus ombrageux des aristocratiques spectateurs.

Très vite, chacun reprend l'épithète chère à John Christie, qui ne cache pas son enthousiasme pour les qualités du jeune ténor, et déclare à qui veut l'entendre : « C'est une nature. »

Une nature qui va le mener loin, dans la carrière et dans le monde, avec un autre phénomène vocal du XXe siècle qui entre dans la vie de Lucky Luciano... et sur la scène de Covent Garden : Joan Sutherland !

***

Joan Sutherland : une grande dame, une grande voix et une magnifique artiste.

Qu'elle arrive dans un salon noyée dans ses visons, ou sur une scène affublée d'une crinoline aussi vaste que le dôme des Invalides, c'est toujours la même sensation : l'air, autour d'elle, semble se raréfier. Il lui suffit d'être là pour s'imposer.

Joan Sutherland est à l'image de son pays, l'Australie, immense.

Elle est née en 1926 à Point Piper, près de Sydney. En province, donc, comme Luciano. Comme lui, elle a fait un peu de chant choral. Comme lui, elle a remporté un concours qui lui a permis de faire ses débuts dans sa ville natale. Comme lui, elle a joué un coup de poker en abandonnant sa machine à écrire (elle était sténodactylo) pour embrasser la carrière lyrique. Son voyage fut long et quelque peu préoccupant. Pour venir étudier les bases du chant en Angleterre, elle a investi toutes ses économies dans son billet d'avion : un aller simple !

Mais comme Luciano, elle a une voix tout à fait exceptionnelle, rare : Joan est une vraie, une pure,

« soprano coloratura ». Et comme Luciano encore, elle fait preuve d'une prudence de renard dans le choix de ses rôles, ce qui lui vaut une carrière exceptionnellement longue : aujourd'hui encore, à plus de soixante ans, Joan Sutherland chante toujours.

Lorsque ces deux natures d'exception vont se rencontrer, en 1964, Joan a trente-six ans, elle est la reine incontestée de toutes les scènes lyriques, devant Maria Callas, son aînée de trois ans seulement, toujours présente, mais dont le déclin est déjà annoncé. Et en compagnie de son mari, le pianiste et chef d'orchestre, Richard Bonynge, elle dispense les délices du « bel canto » d'un bout à l'autre de la planète.

Or depuis longtemps, le mari et la femme, le Maestro et la soprano, rêvent d'une tournée qui les ramènerait sur leur terre natale, l'Australie. Depuis deux ans, avec une infinie sagesse, ils ont organisé le planning des représentations, et le choix du répertoire.

Il leur reste maintenant à aborder le délicat chapitre de la distribution. Et, plus particulièrement, celui du choix du ténor qui pose un véritable problème.

En effet si la somptueuse Joan est dotée de la voix idéale pour interpréter les ingénues, les jeunes premières, les délicates Gilda, Lucia ou Norma ; bref, si elle en a la voix, elle n'en a pas tout à fait les mesures ! Et sa phobie permanente est de se voir affublée, sur scène, d'un ténor qui lui arrive au nombril.

Aussi, quel bonheur, lorsque son mari lui annonce : « Darling, je tiens notre homme. Il a une voix de géant... » Et immédiatement après avoir laissé deux petites secondes de suspense s'écouler : « Et de surcroît, il mesure un mètre quatre-vingt-dix ! »

Décidément les dieux s'étaient penchés sur Luciano ! Trente centimètres de moins, et le trio Sutherland-Pavarotti-Bonynge ne se serait peut-être pas formé et n'aurait donc jamais connu ce succès d'un quart de siècle sur scène et sur disques qui devrait bien leur valoir une citation dans le livre des records.

De toute façon, le destin semble résolument décidé à les faire se rencontrer. Avant même cette tournée australienne pour laquelle Luciano a signé, tous trois se retrouvent pour une *Lucia di Lammermoor*. Donizetti aux États-Unis !

L'Amérique ! L'Amérique enfin... Luciano va pouvoir y faire ses débuts, même s'ils sont discrets (ce n'est pas encore New York), et même si tout cela est encore une fois improvisé !

« Le ténor qui devait chanter Edgardo s'est décommandé au dernier moment pour filer à Paris chanter une *Tosca* avec Maria Callas. »

La place est libre, et Luciano, auquel le succès de Covent Garden n'a pas tourné la tête, ne laisse pas passer cette formidable opportunité : chanter avec « la Sutherland » !

C'est ainsi qu'il se glisse, à nouveau par la petite porte, dans ce pays dont il deviendra bientôt l'idole.

Et tant pis si aucun critique ne fait écho à sa performance à Miami où les retraités se réchauffent au soleil devant une nuée de surfers... c'est l'Amérique dont le fils du boulanger de Modène a toujours rêvé ! D'autant qu'il retrouve, en ce mois de février 1965, l'année de la consécration, le climat de son Italie natale : ciel bleu, air tiède, public gentil, chaleureux et décontracté.

Rien à voir avec ce qui l'attend pour ses débuts new-yorkais.

8

VENI, VIDI, VICI

De juin à août 1965, la « Sutherland Williamson International Grand Opera Company » (just call it SWIGOC) va donc couvrir Sydney, Melbourne, Adelaïde et Brisbane, sans compter, en plus des représentations principales dans les théâtres de ces villes, une multitude de concerts dans les cités qui les entourent. Luciano Pavarotti n'a pas le temps de souffler, mais il prend celui de tirer les conclusions des enseignements en tout genre que lui apporte ce voyage si dépaysant, pour en tirer tout le profit nécessaire à la suite de sa carrière.

Adua qui n'avait pas pu accompagner son mari à Glyndebourne, parce qu'elle était sur le point d'accoucher, est cette fois-ci du voyage. Elle a confié ses deux petites filles à Mamma Adèle, le cœur quelque peu en berne en s'éloignant de Cristina, la petite dernière qui n'a que dix mois. Mais les photos publiées dans la presse britannique, où l'on voyait des haies de jeunes filles attendant avec ferveur son mari à la sortie de Covent Garden, lui ont sans doute rappelé qu'il ne faut pas trop tenter le diable.

Donc, pas de safaris photos. Pas d'exercice de boomerang, ni d'excursions chez les Aborigènes. Du travail, du travail encore, acharné avec, pour seuls moments de détente, quelques plongées dans le bel océan.

Chaque jour Luciano met en pratique son expérience de Glyndebourne, et les préceptes du directeur de l'Opéra de Miami, Anthony Stivanello, qui lui a répété, comme tant d'autres, que « bien chanter dans un opéra n'est pas suffisant. Il faut aussi jouer la comédie ». Il se souvient des heures de répétitions passées sur le toit de l'hôtel de Miami, le McAllister, à peaufiner sans relâche, sous la direction de Stivanello, son jeu de scène.

« Ça a été un dur travail pour moi de devenir un bon acteur. Parce qu'il est difficile d'être à la fois Laurence Olivier et Caruso. Certains de mes rôles, comme Rodolfo ou Nemorino, par exemple, étaient très proches de ma nature. Mais d'autres trop éloignés pour que j'en saisisse toutes les subtilités. J'ai dû m'acharner pour les comprendre, et quelquefois, je l'admets, sans succès. Je me souviens de ce critique qui avait écrit, à mon propos : "Monsieur Pavarotti n'a jamais possédé son rôle. Comment l'aurait-il pu ? Il n'est jamais entré dans la peau de son personnage." »

Message retenu. Lors de la première représentation de *l'Elisir d'amore*, il campe à la perfection son Nemorino sur scène, et fait un triomphe. Auprès du public comme auprès des critiques.

Luciano est heureux... et plus que jamais attentif.

Trois mois avec une artiste de la trempe de Joan Sutherland, c'est une aubaine, dont il veut profiter, tout d'abord en tentant de percer le mystère qui entoure la diva.

Luciano est fasciné : sa partenaire est une force de la nature que rien n'abat et que rien ne fatigue. Lui qui jamais ne s'est plaint des heures de vocalises et de répétitions, qui ne s'est jamais alité depuis son étrange maladie d'enfance, n'en croit ni ses yeux, ni ses oreilles.

Il a beau être italien et on a beau parler de travail de Romain, Luciano qui chante et répète avec elle quatre opéras : *l'Elisir d'amore* et *Lucia di Lammer-*

moor de Donizetti, *la Traviata* de Verdi et enfin *la Sonnambula* de Bellini, est complètement épuisé. Mais pas Joan ; soirée après soirée, elle reste fraîche comme une rose et affiche imperturbablement le même entrain sans faille ni baisse de régime, avec la même constance dans la qualité de ses prestations scéniques.

Mais d'où lui vient cette énergie ? Comment peut-il avec sa robuste carrure s'essouffler aux côtés de cet athlétique rossignol ? Intrigué, Luciano commence à observer intensément sa partenaire. Voire à l'épier. Il n'y a pas de « truc » possible. Leurs instruments de travail sont rigoureusement les mêmes : deux petites cordes vocales avec lesquelles on peut se faire adorer ou... huer ! Mais de quel acier sont donc faites celles de cette « Walkyrie » ?

La solution du mystère, Luciano va la saisir, si l'on peut dire, à bras-le-corps.

Pendant les répétitions, pendant les spectacles, profitant de toutes les occasions que lui offre la mise en scène, il va, en la prenant par la taille, sentir le souffle partir du ventre, traverser l'estomac pour emplir largement la poitrine.

« Admirez le coffre de Sutherland ! » s'émerveille-t-il.

Il ne dit pas le tour de poitrine. Il ne dit pas davantage le tour de taille. Il dit bien « le coffre ». Il pourrait tout aussi bien dire le soufflet de forge : car c'est là que se forme cette colonne d'air qui va monter dans le larynx, soutenir le son, le porter au-delà des lèvres pour le lancer par-dessus l'orchestre, jusqu'aux derniers rangs de la salle.

Comment obtient-elle une puissance pareille ?

Tout simplement par un effet de piston exercé sur le diaphragme. C'est lui, ce gros muscle, qui va expulser le son, le doser, en corriger la pression, libérant le larynx de contractions superflues et les cordes vocales de toute fatigue inutile.

« Depuis l'Australie, je peux chanter nuit après nuit sans défaillance », reconnaît Luciano aujourd'hui, lorsque nous évoquons les problèmes de la technique du chant. Et d'ajouter, en souriant : « Je suis reconnaissant à Joan Sutherland de beaucoup de choses, mais plus particulièrement de cette dernière leçon de technique vocale, tellement importante, tellement nécessaire ! »

Même écho chez Montserrat Caballé qui plongea dans la plus extrême confusion un jeune élève de ses master-classes au Festival d'Évian 1992, en lui appliquant fermement sa main sur le ventre pour lui faire comprendre d'où devait partir son souffle. Le tout bien sûr dans un éclat de rire où, comme toujours chez cette femme exceptionnelle, l'humour le disputait à l'intelligence.

Mais pour en revenir à Luciano Pavarotti il va si rapidement mettre en application la méthode Sutherland, qu'à son retour à Modène, son médecin, un peu inquiet du rythme de travail que le ténor s'est infligé pendant les trois mois de tournée, est ébloui par l'état des cordes vocales de son patient : elles sont roses, reposées, plus belles que jamais.

« Luciano a parfaitement deviné ma technique respiratoire, avoue dame Joan. Et c'est remarquable, parce que j'étais incapable de bien la lui expliquer. Mais il a compris. »

Ce qui est certain, c'est que dame Joan a trouvé avec Luciano un partenaire non seulement de sa taille, mais encore de sa capacité respiratoire !

Une amitié solide naîtra entre eux, avec la complicité de Richard Bonynge. Elle les mènera ensemble à d'innombrables triomphes. Et quelques années plus tard, quand New York en délire applaudira le couple dans *la Fille du régiment* de Donizetti, qui fera figure d'événement historique, Luciano Pavarotti se souviendra sûrement des quelques privautés qu'il s'autorisait en Australie, lorsque, pétrissant la taille de sa Violetta, il prenait, à pleines mains, une leçon de respiration.

***

La tournée en Australie est un triomphe. Luciano

vient de conquérir le public d'un nouveau continent. Pourtant, tout n'est pas encore gagné dans les salles les plus prestigieuses. Point de mire de tous les ténors et plus encore des ténors italiens, la Scala se refuse toujours à lui.

Et s'il reçoit avec bonheur les propositions qui arrivent maintenant du monde entier, il attend avec un petit pincement au cœur celles qui viendraient de son pays, où Luciano ne fait toujours pas figure de prophète. C'est cette tiédeur ou plutôt ce scepticisme qui agace Fernando.

Le boulanger se souvient d'avoir longtemps rongé son frein quand, le dimanche, sur la place du Duomo, entre hommes, en attendant les femmes qui prient à la messe, on discute indéfiniment sur les sujets graves de la vie : le « toto-calcio » et le « bel canto ».

« Ils disaient tous que Luciano avait une jolie voix, "sicuro", mais quand même, de là à envisager une carrière ! »

C'est qu'ils le connaissaient depuis si longtemps ceux de la Chorale Gioacchino Rossini le petit Luciano !

« Vous pensez bien qu'on s'en serait aperçu, nous les vieux crabes, les spécialistes, les experts, si le *ragazzo* avait vraiment eu du talent... »

Et d'ergoter sans fin sur les qualités du « vrai » ténor, sans conclusion possible puisqu'on trouve en Italie autant de théories farouches sur ce point que de recettes de *sugo* pour la *pasta asciutta*.

Vingt ans après, Luciano Pavarotti en soupire encore avec mélancolie.

« Ma chère Modène ne m'a jamais donné de coup de pouce, ni prodigué d'encouragements décisifs. »

Cette « chère Modène » s'est même offert une place d'honneur dans le copieux bêtisier de l'art lyrique en refusant la candidature de l'enfant du pays pour une production de son théâtre :

« Je n'étais pas aussi bon, paraît-il, que certain chanteur local qu'ils avaient prévu d'engager », dit Luciano.

Sans sourire, même s'il reconnaît avec philosophie que « tout cela, c'est du passé ! » Ça ne lui fend plus le cœur, mais lui agace toujours l'amour-propre.

Et pourtant, quoi de plus classique que ces variations sur le sempiternel thème « Il est toujours plus difficile d'être reconnu par les siens... »

D'ailleurs, bien avant lui, un exemple fameux a illustré ce cas de figure. Caruso, le grand Caruso, était revenu, couvert de lauriers, chanter à Naples, sa ville natale. Hélas, en guise de fête pour le retour de l'enfant prodigue, les Napolitains lui réservèrent un accueil si glacial que le ténor en fut bouleversé et quelque peu furieux.

« Je ne remettrai plus jamais les pieds ici. »

Et il tint parole.

Aujourd'hui, les choses se sont arrangées entre Luciano Pavarotti et Modène. Ils filent à présent le parfait amour. Mais il a fallu au premier des années et des trésors de patience pour conquérir la seconde. Comme le reste de l'Italie d'ailleurs.

En cette fin d'été 1965, les seuls rêves que s'autorise Luciano Pavarotti s'organisent autour d'un nom magique : la Scala. Hélas ! la direction du mythique théâtre n'est guère empressée !

Qu'importe ! Il veut y entrer et il y entrera. Même s'il doit, une fois encore, emprunter la petite porte. Ce qui lui sera épargné grâce à celui qui domine, impérial, une grande partie de la musique de notre XXe siècle : Herbert von Karajan !

L'air altier, les yeux clos, la chevelure argentée et le cachemire négligemment noué sur ses épaules, voici qu'apparaît dans la vie de Luciano Pavarotti le Maestro des Maestros.

On a trop parlé du génie de cet homme pour ajouter une seule ligne à son hagiographie. Rappelons seulement qu'il n'a cessé, tout au long de sa vie, de découvrir et de soutenir de nouveaux talents. Qu'inlassablement, il a auditionné, sélectionné, corrigé, encouragé ses interprètes. Dans sa mémoire d'ordinateur, ils étaient répertoriés, classés, catalogués.

D'ailleurs, il connaît déjà ce jeune Italien qui, à plusieurs reprises, a doublé ou remplacé des ténors dans sa capitale viennoise. Or la Scala a signé des contrats d'échange avec le Staatsoper de Vienne, dont Karajan est le chef attitré.

Et Karajan cherche un Rodolfo pour *la Bohème* qu'il reprend... à la Scala justement. N'étant pas homme à se laisser éconduire par des caprices de directeurs, il veut Pavarotti, donc il l'engage. Mieux, il l'impose.

On peut imaginer l'émotion du jeune homme apprenant tout d'abord à qui il doit son contrat.

« Quand j'ai demandé à Luciano Pavarotti, lors du tournage d'un " Musiques au cœur ", de me parler de Karajan, il m'a simplement répondu :

" Il était l'intelligence de la musique, et la musique faite intelligence. Un grand Maestro, un grand directeur. "

— Mais il m'a dit, ai-je insisté, que vous étiez supérieur à Caruso...

A quoi Luciano a ajouté avec beaucoup d'émotion dans la voix :

— Maestro Karajan est bien bon de dire cela, mais il se trompe. »

Dans l'ouvrage qu'elle a consacré à son mari[1], Adua Pavarotti raconte avec beaucoup d'humour la réaction de Luciano en apprenant l'heureuse nouvelle :

« Un jour, j'ai entendu sonner à la porte. Je me suis penchée à la fenêtre et j'ai vu Luciano, en bas, debout dans le jardin, l'air tout excité. Il agitait dans la main droite un papier d'un rose très reconnaissable : celui que la Scala utilise pour ses contrats. Dans l'autre main un presse-citron dont il rêvait depuis des mois, mais que nous ne pouvions nous offrir... »

Le grand jour était enfin arrivé ! Il allait chanter à la Scala, et encore une fois, dans son rôle fétiche, Rodolfo.

1. *Pavarotti, life with Luciano*, Adua Pavarotti, Weidenfeld and Nicolson, London, 1992.

Quelle émotion tout de même en poussant pour la première fois la porte de l'entrée des artistes — la petite, à gauche, sous les arcades — qui donne accès au temple sacré de l'Opéra.

Doublement sacré. Tout d'abord, parce que le théâtre doit son nom à l'église qui se dressait là au XIVe siècle, la Santa Regina della Scala, ensuite parce que les plus grandes voix du monde s'y sont fait entendre, acclamer et parfois chahuter. Ah, les cabales de la Scala !

A cette entrée des artistes, où s'attardent toujours quelques fans collectionneurs d'autographes, tous le dévisagent. Aucun ne le reconnaît. A Milan, Luciano est encore un obscur chanteur. Et il a beau se donner le « look » de l'emploi, vaste cape, chapeau mou dans le style Caruso et grande écharpe anti-vent coulis pour gorge miraculeuse, il entend alentour ces mots terribles, chuchotés, mais pas assez bas pour une oreille aussi fine :

« Qui est-ce ? »

Qui il est ? Il va le leur montrer ! D'abord, en ne se laissant pas atteindre par cet accueil. Ses nerfs ont surmonté suffisamment de rudes épreuves pour qu'ils puissent dépasser celle-ci. Ce n'est ni le moment de flancher, ni celui de faire triste figure. Luciano se répète comme un leitmotiv les points positifs de l'aventure : premièrement, il va chanter à la Scala ; deuxièmement, sous la direction du grand Herbert von Karajan ; troisièmement, avec sa sœur de lait, avec sa païse, avec sa délicieuse amie, Mirella Freni ; et quatrièmement... quatrièmement, il ne décevra personne. Ni la soprano. Ni le vénéré Maestro. Et encore moins ce public ingrat qui a attendu ses succès à l'étranger (tout particulièrement à Covent Garden), pour daigner venir l'écouter.

Et quatre ans jour pour jour après ses débuts à Reggio nell'Emilia, son Rodolfo conquiert la Scala, et dans la magnifique salle dont les ors brillent encore des créations de *Nabucco* et de *Butterfly*, des succès de la Pasta et de la Malibran, des triomphes de Toscanini et de Furtwängler, le public se lève pour une ovation sans réserve...

Un phénomène tellement surprenant que la direction de la Scala lui propose sur-le-champ de revenir. Et cette fois-ci, pour de véritables et très officiels débuts :

« Nous voulions justement programmer le *Guglielmo Tell* de Rossini. Avec votre voix, vous feriez un triomphe... »

Luciano sans l'ombre d'une hésitation répond : « C'est non ! Non merci ! »

Le directeur est abasourdi, et son imprésario au bord de la crise d'apoplexie. On n'a jamais vu ça dans toute l'histoire du lyrique.

« Et quel autre opéra préféreriez-vous chanter ? finit par lui demander Ziliani.

— *La Sonnambula*, pour vous prouver, à vous, mais aussi à moi-même, que je n'ai pas peur des défis, tant qu'ils restent dans le cadre de mes possibilités vocales. »

Lucide, il sait bien qu'en abordant si prématurément une partition aussi lourde il prendrait d'énormes risques. Combien de jeunes artistes ont cassé leur voix et leur carrière en acceptant trop tôt des rôles pour lesquels ils n'étaient pas mûrs...

Cela ne lui arrivera pas. Pas maintenant où tout se met enfin en place.

De toute façon il a bien le temps de revenir à la Scala. Et d'ailleurs, il y reviendra. En 1966, dans *Rigoletto* et dans *I Capuleti e I Montecchi*. Et en janvier 1967, lorsqu'il aura une fois encore la fierté d'être choisi par Karajan pour chanter le *Requiem* de Verdi... pour le centième anniversaire de la naissance d'Arturo Toscanini et le dixième anniversaire de sa mort. De ce concert, il dira d'ailleurs :

« C'était lors de la naissance de ma dernière fille. Et c'est un souvenir qui compte infiniment dans ma vie. Karajan dans le travail était un être merveilleux. Il aidait beaucoup les artistes. Avec lui la musique paraissait facile. Il la créait sur l'instant. »

9

ENTRACTE... ET DEUX OU TROIS CHOSES SUR L'ART DU CHANT ET LES TÉNORS

C'est le moment de faire une pause, et de revenir un peu sur les qualités particulières de Luciano Pavarotti, notamment sur sa technique.

Modène, le 11 mars 1993. Le soleil éclabousse les murs ocre de la belle maison des Pavarotti.

Luciano soupire :

« Ils sont terribles ces Italiens : si dès ton premier concert on n'annonce pas à son de trompe que tu es le nouveau Caruso, ils n'ont pas envie d'assister au second. »

Caruso, encore Caruso, toujours Caruso. Bien entendu, il était « le plus grand ténor de tous les temps ». Luciano le sait, ô combien ! pour l'avoir écouté depuis sa plus tendre enfance. A ses oreilles chantent encore les envolées de « Una furtiva lacrima » de *l'Elisir d'amore* ou de « O Paradis », de *l'Africaine* de Meyerbeer.

Quel génie, quelle vie ! Pas question d'imaginer un autre Caruso, un autre Gigli ou un autre Schipa. Chaque artiste, chaque ténor est unique depuis le début de leur histoire qui s'inscrit dans le premier tiers du XIXe siècle, alors que l'adulation et la gloire dont sont nimbés les castrats commencent à décliner. Jusque-là, c'étaient eux, plus encore que les *prime donne*, qui tenaient le devant de la scène. Mais à quel prix ! Comme on le sait, l'ablation des testicules avant la puberté bloquait la mue. On la pratiquait sur des sujets dont la voix promettait un bel avenir, mais la plupart du temps, ce terrible pari était perdu. L'adulte ne tenait pas les promesses de l'enfant.

Bien entendu, les castrats étaient recrutés dans les classes les plus modestes : pour un garçon promis à un avenir très sombre, le sacrifice valait la peine : adorés des cours et du public, ils étaient couverts d'or dans toute l'Europe. Y compris par les Princes de l'Église qui leur devaient bien ça : après tout, si saint Paul, dans une de ses fameuses Épîtres aux Corinthiens, n'avait pas eu l'idée abrupte d'imposer aux femmes le silence à l'église, ladite Église n'en serait pas arrivée à ces cruelles extrémités pour maintenir en ses cérémonies les voix de soprano et d'alto destinées à louer le Seigneur !

Ainsi vit-on des chanteurs prendre rang de ministre auprès de souverains mélomanes comme Farinelli auprès de Ferdinand VI d'Espagne, ou déchaîner des cabales, des enthousiasmes et des bagarres à faire pâlir d'envie nos Michael Jackson et autres Madonna. Sans parler de leurs succès dignes des prouesses de Casanova. Stériles à une époque où la contraception n'existait pas, mais pas impuissants, les femmes se les arrachaient au désespoir de leurs amants plus... classiques !

On ne peut qu'imaginer, d'après les descriptions délirantes qu'en ont fait les plus sérieux auteurs, l'effet que pouvaient produire sur les auditeurs ces voix d'enfants aux aigus stratosphériques dans ces corps d'adultes à la cage thoracique fantastiquement développée par les nombreux exercices respiratoires qu'ils s'imposaient par professeurs interposés.

Ce fut la passion de la vraisemblance aux derniers jours du Siècle des Lumières qui ébranla leur empire. Même dans les conventions de ce monde d'or, de décor et de carton-pâte qu'est l'Opéra, comment croire à la fragilité de l'héroïne, à son pouvoir de séduction, quand elle est campée par un jeune (ou moins jeune) homme musclé, affublé de robes à paniers ou noyé dans un déluge de plumes d'autruche... ?

Et puis, les mentalités commencèrent à changer. La castration fit froncer le nez des théoriciens de la Révolution qui se profilait et qui allait profondément modifier les habitudes. Les castrats ne résisteront alors ni à la Déclaration des droits de l'homme ni aux exaspérations légitimes des malheureux metteurs en scène et compositeurs face aux caprices de ces étranges « divas ».

La souveraineté de la scène revint donc aux dames. Dès lors, on ne vit plus d'athlétiques silhouettes en robes, mais des contraltos et des mezzo-sopranos en cuirasse et pantalons. La fameuse vraisemblance scénique n'y trouvait pas davantage son compte !

C'est alors qu'apparut tel le sauveur monté sur un cheval noir ou chevauchant un cygne blanc, dans le paysage enluminé de l'art lyrique, le ténor !

Il était temps. Les contraltos, au demeurant rarissimes, ne faisaient point pâmer les demoiselles dans les rôles de héros sans peur et sans reproche. Quant aux hautes-contre, aux voix acrobatiques plus proches de celles des castrats, elles manquaient généralement de puissance.

Les barytons ? Les basses ? Leurs voix étaient trop graves pour interpréter la jeunesse du héros. Aux personnages surhumains, idéalisés et idéalistes qui peuplent les livrets de l'Opéra, il fallait des voix surhumaines, des voix venues d'ailleurs...

De Naples, par exemple, qui fut la première ville à s'illustrer dans la longue histoire des ténors grâce à un jeune homme, nommé Giacomo David, napolitain comme plus tard Caruso, qui monta sur la scène à l'époque où régnait Rossini. Stendhal en témoigne : David fut le premier d'une longue lignée. Celui qui traça un itinéraire que beaucoup allaient emprunter à sa suite.

***

Les ténors wagnériens d'abord. Une horde de géants nordiques qui déferlent, hérissés de hallebardes et de casques ailés. Capables de chanter à pleine voix quatre ou cinq heures d'affilée sous la cuirasse de Parsifal ou le pourpoint de Lohengrin. C'est une race à part, qui se réfère à Bayreuth et fait frémir Luciano.

« Dieu me garde de chanter Tristan ! » s'exclame-t-il en ouvrant de grands yeux faussement effrayés.

Vers l'Ouest, perruqués, poudrés, ils ont le mollet avantageux et l'œillade ravageuse. Voici les descendants des raffinés castrats (ou non) qui firent se pâmer les marquises au temps du Roi-Soleil. Ils se nomment Faust, Des Grieux ou Werther, et ils ont pour suiveurs tous les jeunes premiers d'opérette.

Vers l'Est, nichent quelques oiseaux rares dont le modèle est le Grigori de *Boris Godounov*. Ténor-traître, ténor-félon : les Russes ne font jamais rien comme tout le monde !

Vers le Sud enfin, sous le soleil de l'Italie ou de l'Espagne, on cultive avec amour maints crus de ténors. C'est une telle spécialité qu'on pourrait croire cette production directement liée au climat ! Et quoi de plus normal, puisque l'opéra est né sous le soleil de Florence, il y a bientôt quatre siècles, avec une *Dafné* présentée à la Cour des Médicis en 1598, et composée par un certain Jacopo Per, lequel, comme par hasard, était lui-même ténor.

Depuis cette époque héroïque, le genre devenant éminemment florissant, on a bien entendu multiplié les variétés et les cépages, que les spécialistes classent comme des vins. Du plus corsé au plus léger. Ainsi le « tenor di forza », sombre et fort en tanin, qui exulte dans l'*Otello* de Verdi. Le « tenor spinto », éclatant et de belle robe, qui s'identifie à merveille au personnage de Radamès, dans l'*Aïda* du même Verdi et qui possède une tessiture de voix proche de celle du Rodolfo de *la Bohème*, ronde et gouleyante, que l'on qualifie de voix de « tenor lirico »... Quant au « tenor di grazzia » — ainsi le Nemorino de *l'Elisir d'amore* —, il est *frisante*, voire *spumante*, et vous grise sans vous donner la migraine.

Quelles délices pour les œnologues... pardon, pour les mélomanes !

***

Et les voilà partis sur les traces de David. Escaladant, dangereusement et obstinément, les plus hauts sommets de la gamme, à la conquête du contre-ut... Ah ! ce fameux contre-ut ! Fut-il convoité, contesté, exalté, honni ! Aussitôt qu'il l'entend jaillir du gosier de Gilbert-Louis Duprez (illustre ténor français né en 1806 et mort en 1896), l'impitoyable Rossini fait la grimace, se bouche les oreilles, et laisse tomber sa terrible comparaison : « C'est le cri d'un chapon qu'on égorge. » Vous l'aurez compris, le grand compositeur n'était pas amateur de contre-ut... Ce qui l'amènera à déclarer à son valet de chambre qui l'avertissait de l'arrivée d'un autre ténor, ô combien romantique, Enrico Tamberlick, qui avait entrepris le voyage à Naples afin de rencontrer le Maestro :

« Demandez à ce ténor d'accrocher son contre-ut au portemanteau. Il le reprendra en sortant... »

Et Rossini n'est pas le seul à bouder la performance. Berlioz n'est pas plus tendre quand il évoque les prouesses vocales de cette nouvelle idole lyrique :

« On ne peut découvrir s'il pleure ou s'il rit, s'il est amoureux ou furieux. Avec lui, il n'y a plus de mélodie, plus d'expression, plus de sens commun, plus de drame, plus de musique. Il y a émission de voix et c'est là l'important. »

Peut-être. Mais ce sont des points de vue de compositeurs. Le public, de son côté, ne partage pas ces sévères jugements. Bien au contraire : le public veut du spectacle, de la prouesse. Il veut du risque. Face à l'impossible obstacle, il veut que le chanteur se conduise comme le torero devant le fauve. Il veut avoir peur, crier de joie, adorer ou haïr.

Il l'attend même, cette exquise décharge d'adrénaline qui le fait frissonner lorsque le ténor grimpe tout en haut de la portée. Le spectateur recherche les monstres et les héros. Et le ténor, grâce à ses aigus, est les deux à la fois...

De Giovanni-Battista Rubini à Gilbert-Louis Duprez, de Domenico Donzelli à Adolphe Nourrit, de Mario à Martinelli, de Bjorling à Gigli, et de Caruso à... Pavarotti, tous endossent cette double figure.

Pour eux, sans exception à la règle, le contre-ut est un peu la quête du Graal, un parcours qu'ils entreprennent irrévocablement. Quitte parfois à le regretter.

« Tu vois, me dit Pavarotti ce jour-là à Modène, entre deux apparitions radieuses de Cristina, et avant la salade avalée dans la cuisine..., tu peux chanter quatre actes magnifiquement, mais si tu manques cette note-là, tout en haut, tu te feras siffler. Et tu peux chanter pendant trois heures comme une chaussette, si tu la décroches, “ils” partiront contents.

— C'est injuste ?

— Oui, c'est un peu injuste, mais c'est le diktat du public, c'est pour lui qu'on chante. Il faut l'accepter ! »

Au chapitre des injustices, le terrorisme du contre-ut n'est pas le seul dont souffre le ténor. Ces exploits vocaux, quasi obligatoires si l'on veut plaire et paradoxalement perçus comme de pures performances physiques, ont valu aux ténors la réputation d'individus sans cervelle.

La réflexion est sotte et totalement dénuée d'analyse. Car de toute évidence, le muscle et la corde vocale ne suffisent pas. La formidable réussite de Luciano Pavarotti, et de quelques-uns avant lui, ne s'est pas bâtie en enchaînant des contre-ut.

Il faut, au-delà des dons, du travail acharné, de la prudence, de la chance, et aussi une bonne dose de réflexion, pour mettre en place une stratégie longuement et minutieusement préparée qui doit moduler l'ambition et la sagesse.

Ce plan de carrière, Luciano se l'est taillé sur

mesure. En gérant à la fois sa voix et son image avec une rare sagacité :

« Le danger, pour un ténor, c'est l'impatience. J'ai souvent entendu dire : "Il est très bien, ce petit, mais il a besoin de se perfectionner. Il manque de technique." Je ne comprends pas cette indulgence : si un chanteur manque de technique, il doit retourner chez son professeur avant de remonter sur scène. Parce que la scène ne lui apprendra jamais la technique. Et la technique est la base de la longévité. »

Une pause. Luciano sourit à l'évocation d'un souvenir :

« Quand on est jeune, on est impatient de voir les autres, les professionnels, vous reconnaître. Et c'est difficile de résister à la tentation du contrat. Mais il faut tenir. Au tout début de ma carrière, j'avais accepté de chanter une *Tosca* à Bruxelles. Dieu merci, un ténor plus âgé a eu la gentillesse de me prévenir, de me dire que c'était un casse-voix. J'ai annulé. Et j'ai attendu plus de dix ans pour accepter le rôle. La même chose pour le *Guillaume Tell*, à la Scala. Tu vois, mon "truc", c'est d'attendre que ma voix soit assez mûre pour le rôle. Parce que la voix (il rit), c'est comme le bon vin. Ça se bonifie en vieillissant. Ça mûrit. C'est elle qui doit guider ta carrière. Moi, je peux travailler des rôles pendant dix ans. Si je ne sens pas venir le moment où j'ai la musique bien dans la gorge, et le personnage bien dans la peau, je ne le chanterai pas sur scène... Oui, il y a des rôles que j'ai répétés, mais pour lesquels je ne me sens toujours pas prêt... »

Sage Pavarotti vous disais-je, qui dès ses jeunes années eut l'intelligence de choisir la grâce et l'éclat. Non la force. Qui sut résister aussi bien aux tentations qu'aux surenchères. Et en l'écoutant, on ne peut s'empêcher d'admirer une autre de ses qualités : ce mélange d'ambition et de modestie qu'il pratique mieux que personne.

L'ambition, parce que, pas à pas, il investit non seulement le répertoire (lors de sa consécration, en 1967, il n'a « que » huit rôles à son actif), mais aussi les places les plus fortes du lyrique. Très vite, il a l'intelligence de refuser les propositions qui affluent, pour ne pas se disperser, pour choisir, degré après degré, les publics qui le mèneront tout en haut de l'affiche. De Reggio nell'Emilia à Vienne, d'Amsterdam à Covent Garden, de Glyndebourne à la Scala...

Bien sûr, il y a eu la chance et les rencontres « providentielles ». Mais elles n'expliquent pas tout.

Luciano, c'est un peu l'illustration de deux adages : « Tout vient à point à qui sait attendre », et « Rien n'est jamais acquis ». Ou, en italien, *Chi va piano va sano*. Deux leçons apprises et retenues d'Arrigo Pola et de Gigli. Et c'est là qu'intervient cette autre qualité rarissime quand elle est sincère, la modestie. Luciano a toujours porté la plus grande attention aux conseils de ses maîtres ou de ses partenaires. Son succès ne l'a pas grisé.

« Arrigo Pola me disait souvent : "Va écouter ce jeune ténor. Il chante comme une seringue, mais il a quelques notes meilleures que les tiennes." »

Il y est allé. Et il a continué d'apprendre. Sans relâche. Des premières bases de la technique aux leçons de comédie de Glyndebourne et de Miami, de la respiration de Joan Sutherland, à celle, toute musicale, de Karajan.

Il a appris, mais sans jamais oublier ce que lui a dit Schipa : « N'imite personne. »

Et c'est ce duo de qualités, l'écoute et l'originalité, qui a fait de Luciano ce qu'il est aujourd'hui : le plus grand ténor contemporain.

Avec un autre atout, qu'il saura très bien cultiver, sa popularité. Car Pavarotti a réussi ce que seul peut-être Caruso avait réussi avant lui, être un ténor réellement populaire, dans un art qui, à ses débuts, ne touche, comme il le fait remarquer, que 0,5 pour cent de la population.

Mais nous y reviendrons.

Pour l'heure, en cette fin d'année 1965, Luciano Pavarotti triomphe à la Scala, dans son rôle fétiche de Rodolphe. Et rêve... de quoi ? Mais de l'Amérique bien sûr !

10

LA TRAHISON DE RODOLFO

Avec sa légendaire prudence, au lendemain de son succès à la Scala, Luciano fait le point sur sa carrière.

Il sait qu'il est bien parti. Jusque-là c'est un « parcours sans faute ». Mais il sait aussi qu'il n'est pas encore tout à fait arrivé. Pour devenir vraiment une « star », il lui faut à présent, impérativement, traverser l'Atlantique et conquérir le Nouveau Monde. Depuis Caruso jusqu'à la Callas, il n'y a jamais eu d'exception à la règle : le suffrage de l'Amérique est indispensable à une consécration définitive.

En attendant l'appel du Nouveau Monde, Luciano continue d'accumuler les satisfactions. Tout d'abord c'est son entrée chez Decca, qui lui propose d'enregistrer... son premier disque ! L'offre le séduit aussitôt : le disque, pour lui, c'est avant tout la mémoire de la voix, le bonheur qui entre dans la maison.

C'est grâce au disque, on l'a dit, qu'il a lui-même découvert les grands lyriques. Aussi accepte-t-il cette proposition immédiatement et grave-t-il pour l'immortalité les belles arias de *Beatrice de Tende* de Bellini, suivies de près par sa première anthologie d'airs d'opéras.

Encore une fois, Pavarotti pense à son public

populaire : celui que les airs de bravoure font vibrer, Bellini après Puccini, Donizetti après Verdi... Exactement comme il le fit sur le plateau de télévision en Grande-Bretagne. Il sait d'intuition qu'il lui faut conquérir les gens les plus modestes, ceux qui aiment les belles mélodies. Ceux qui n'ont pas les moyens d'aller à l'Opéra. Qui n'ont pas eu la chance, comme lui, de naître au pays du bel canto, ni d'avoir un papa ténor dans l'âme. A tous ceux-là, Luciano Pavarotti va apporter l'opéra à domicile. Le pari est judicieux : les disques s'envolent et le bonheur se partage.

***

Mais l'Amérique, l'Amérique ?

D'abord, « conquérir l'Amérique, c'est décrocher le tiercé ». La comparaison, empruntée à l'univers hippique cher à Luciano Pavarotti, est bienvenue : les trois chevaux à jouer ont pour nom San Francisco, Chicago et... New York naturellement.

Jusqu'à présent, Luciano, on l'a dit, n'a eu qu'un seul contact avec le public américain : à Miami, aux côtés de Joan Sutherland dans *Lucia di Lammermoor*. L'accueil a été chaleureux, mais de là à en tirer de trop hâtives conclusions... il y a un abîme que la sagesse de notre ténor mesure avec circonspection.

Il sait que Miami n'est pas San Francisco, et c'est justement à San Francisco qu'il est invité. Là, il devra affronter un public cultivé, attentif, d'autant qu'une bonne partie de la population s'honore d'avoir dans les veines quelques gouttes de sang italien et donc un goût naturel pour l'opéra. Au Golden State, on se veut connaisseur en matière de lyrique, et exigeant.

Cela, Luciano le sait. Et il part fermement décidé à atteindre son but. D'ailleurs tout semble y contribuer : le choix de l'opéra, c'est encore Rodolfo dont il doit revêtir le costume, Rodolfo, son héros porte-bonheur. Et par chance, c'est Mirella Freni qui chantera Mimi.

En une soirée, Luciano entreprend, et réussit au-delà de tout espoir, sa conquête de l'Ouest !

Le public, les critiques, la presse sont enthousiastes. Et le résultat ne se fait pas attendre. Dès le lendemain, les télex crépitent. D'Est en Ouest. Et parmi les messages il y a... une proposition du Metropolitan Opera, pour l'année suivante, en 1968.

Prudence ou manque d'imagination ? C'est encore pour une *Bohème* que la direction du Metropolitan le contacte. Luciano est enchanté : le Metropolitan, c'est, dans l'accession au titre de star internationale, un passage obligatoire. Et dans ce challenge, avec Rodolfo, il met toutes les chances de son côté.

Pendant toute l'année qui suit, Luciano ronge son frein. Il ajoute à son répertoire le rôle d'Arturo dans *I Puritani* de Bellini, et se produit sagement en Italie : il n'est pas question de se surmener avant la date fatidique ! Enfin, c'est le grand jour. Luciano s'envole pour New York !

Nous sommes en septembre. Entre deux répétitions, Luciano fait un saut à San Francisco qui l'a réinvité pour une *Lucia di Lammermoor.* Première imprudence et... premier grand coup dur de sa carrière.

A-t-il mal chanté ? L'a-t-on sifflé ? Pas du tout. Le public, encore une fois, l'acclame, mais avec les ovations, Luciano récolte... la grippe.

Débarqué tout droit de Hong Kong, le virus l'attend en tapinois à la sortie des artistes, lui saute dessus et le terrasse. Que faire ?

Luciano repart pour New York avec une valise bourrée de pilules et de sirops en tout genre, s'en gave, mais rien n'y fait. L'angoisse et la climatisation aidant, c'est tremblant de fièvre, la goutte au nez qu'il atterrit à l'aéroport John-Fitzgerald-Kennedy.

Après le ciel si bleu de la Californie, tout ici lui paraît gris, froid et hostile. Il se souvient d'un bref séjour qu'il fit à Big Apple quelques années auparavant, sans même avoir eu le bonheur et la compensation d'y chanter.

« J'étais venu pour doubler Carlo Bergonzi. Dieu

merci, le ténor n'avait souffert d'aucun empêchement, et avait chanté lors de toutes les représentations prévues. Et moi, vite fait, j'avais sauté dans le premier avion pour Modène, trop heureux d'échapper à cette énorme ville qui m'épouvantait. »

Quelques années plus tard, New York saura balayer les réticences de Luciano, et l'apprivoiser. Comme un gros chat, elle viendra ronronner à ses pieds avec, en porte-drapeau, une foule de fans qui arpenteront la Cinquième Avenue, armés de banderoles gigantesques proclamant « LUCIANO WE LOVE YOU », sous une pluie de feuilles arrachées aux bottins téléphoniques et tombant des gratte-ciel... « Luciano nous t'aimons. »

Pour l'heure, quand il prend un taxi pour se rendre à son hôtel, personne ne le connaît. Toussant, crachant, reniflant sur la banquette du yellow cab, comment pourrait-il imaginer ces scènes futures de son triomphe ? Il a même le cruel sentiment de courir au désastre, et il donnerait cher pour être ailleurs. A Modène par exemple. Dans les bras d'Adua et auprès de ses filles qui sont restées là-bas. Ou (mais comment l'espérer ?) tout simplement guéri.

C'est donc en traînant les pieds qu'il se dirige vers le Lincoln Center. Un lieu redoutable qui en terrifia plus d'un, et qui plonge Luciano dans le plus sombre désarroi. Le Met ! Cette gigantesque salle construite en 1883 pour répondre à la demande de quelques businessmen qui ne pouvaient entièrement satisfaire leur passion du lyrique dans une Académie de musique trop exiguë.

Exaspérés de voir les grands noms de l'opéra leur échapper, ces mélomanes décidèrent de prendre en charge leur passion. Ils commandèrent, et financèrent, la construction d'un énorme théâtre, capable, en respectant les normes acoustiques les plus strictes, de recevoir un maximum de spectateurs. C'est ainsi que naquit le Met, au sein duquel chaque saison apporte son lot de grandes premières, de créations mondiales, de divas de toute sorte et bien sûr, de scandales inhérents au genre !

En 1968, quand Luciano Pavarotti s'apprête avec terreur à y faire ses débuts, la nouvelle salle sent presque encore la peinture fraîche. Elle est maintenant dotée *(Dio mio* et il est malade !) de... trois mille huit cents places.

Elle a reçu des équipements techniques ultramodernes. Et toute cette énorme machine est dirigée par son maître absolu, Sir Rudolf Bing.

Ce Britannique d'origine viennoise n'est pas seulement un administrateur avisé, il s'est surtout imposé en tant qu'authentique professionnel. Il joue le grand spectacle et les mises en scène somptueuses. Il mise sur les monstres sacrés, et reçoit, avec une égale témérité, Renata Tebaldi et Maria Callas avec laquelle il s'adonne à quelques joutes verbales, devenues légendaires aujourd'hui. Mais contre vents et marées, il occupera son poste pendant plus de vingt ans résistant à toutes les pressions et les intrigues.

Aussi ne s'affole-t-il pas le moins du monde lorsque Luciano à l'embonpoint florissant vient lui annoncer, l'œil battu et l'oreille basse, qu'il se sent mal :

« J'ai une fièvre de cheval, la gorge en feu et le pouls en cavale. »

Dans ces cas-là, la première idée qui traverse la tête d'un directeur de théâtre, c'est « il a le trac ». Le raisonnement est excellent : qui d'autre, mieux que Rudolf Bing, pourrait connaître l'importance d'une première apparition sur la scène du Met pour l'avenir d'une carrière ?

Rudolf Bing décide donc, entre la thèse de la peur et celle de la maladie, de créditer la maladie. Il transige : on reculera les débuts new-yorkais de Luciano Pavarotti d'une semaine.

Hélas ! Cette semaine va beaucoup plus profiter au virus aux yeux bridés qu'au chanteur. La maladie prend ses aises, et s'installe dans la grande carcasse du ténor. Pour Luciano, c'est l'horreur. Son désespoir monte avec sa courbe de température. Et plus le jour fatidique approche, plus il a la sensation qu'il va vivre la fin du monde. Reclus dans sa chambre d'hôtel, dans l'odeur confinée des médicaments et de la fièvre, il ne sait plus à quel saint se vouer. Le patron de Modène refuse-t-il d'écouter ses ouailles lorsqu'elles ont déserté l'Italie ?

Heureusement, Luciano n'est pas totalement seul. Mirella Freni est là qui tente de toutes ses forces de le réconforter, et qui décide, devant le peu de portée de ses paroles, de lui administrer un remède de choc. A l'italienne. Et tant pis pour les risques de contagion ! Mirella, pour ressusciter son frère de lait, troque ses atours de diva pour le tablier de la mamma, et se lance dans la confection d'un minestrone géant, comme à Modène, assaisonné des « lamenti » d'usage et de quelques signes de croix conjuratoires. Un traitement qui affole encore plus Luciano sans empêcher pour autant l'aube du jour fatidique de se lever. Grise, noire, glacée.

« Je me souviendrai toute ma vie de ce 23 novembre. Je me reprochais de ne pas avoir annulé. Mais quel crève-cœur de renoncer à mes débuts au Metropolitan Opera ! »

Couvert de foulards, de vastes pull-overs, emmailloté dans d'immenses écharpes, son chapeau enfoncé jusqu'aux yeux, il se rend, en début d'après-midi, au Lincoln Center où il s'enferme aussitôt avec un répétiteur, dans une toute petite salle.

Timidement, précautionneusement, il se lance, presque en cachette, dans quelques exercices vocaux, afin de tester pleinement sa voix.

« Pas de problèmes, lui dit-on, le son passe très bien. »

Luciano n'en croit pas un mot. Mais il est trop tard. Le public attend. Et lui entend, avec terreur, l'immense bruissement de la salle, les voix, les rires, les accords de l'orchestre, autant de bruits qui, d'habitude lui ravissent le cœur, le plongent dans une délicieuse excitation mêlée d'une peur connue, et presque douce. Mais ce soir-là, dans son costume de Rodolfo, pour la première fois de sa vie, il fait l'expérience de la terreur pure ! Déjà il entend les sifflets du public. Déjà il se voit contraint à une honteuse retraite, filant comme un voleur dans la vaste loge du Met, sans doute pour ne plus jamais y revenir...

Voilà, le rideau va se lever. Il faut y aller.

« Je suis entré en scène en titubant de fièvre. Et, comble de malheur, le chef d'orchestre n'a rien fait pour m'aider. Seule Mirella me murmurait des encouragements en italien pendant nos scènes d'amour. Je me sentais lamentable. »

Mais il tient jusqu'à la fin, dans un état second, tous les sens brouillés, suffoqué par la sensation de vivre une agonie. Il chancelle quand le public applaudit. Il ne croit pas un instant que les bravos s'adressent à lui. Et il rentre à son hôtel, l'âme meurtrie, et s'écroule.

Le lendemain, il se force à commander son petit déjeuner... qu'on lui apporte avec les journaux du matin. Et il les tourne, les retourne pendant un quart d'heure n'osant pas les ouvrir, comme si, avec ce délai, il s'accordait une rémission : le verre et la dernière cigarette du condamné.

Et parce qu'il le faut bien, il commence à lire, tremblant d'angoisse, la presse new-yorkaise. Et là, quelle n'est pas sa surprise :

« Monsieur Pavarotti a totalement conquis son auditoire. » « C'est un triomphe », titre le *New York Times* dont la réputation de sérieux est au-dessus de tout soupçon. Pourtant cette lecture ne le rassérène pas. Luciano, pour assurer la représentation de la veille, a dû puiser dans ses dernières forces. Il a usé jusqu'à la corde le capital d'énergie qui lui reste. Et demain, se dit-il, pour la deuxième représentation, le désastre tant redouté va inéluctablement se produire : Rodolfo, son cher Rodolfo, qui lui a jusque-là toujours porté bonheur ne peut que le trahir !

Le lendemain en effet, dès le premier acte, il est pris de vertige. Sa voix passe de plus en plus mal. Après l'entracte, malgré les piqûres, il est incapable de produire un son.

Luciano doit abandonner, certain qu'il ne reviendra jamais en Amérique. Le triomphe annoncé par la presse s'est commué en naufrage. Dire qu'en prenant son avion, quelques semaines auparavant, il rêvait après le Met, de Chicago ! Adieu, le fabuleux projet qui lui tenait tant à cœur. Il fuit. A Modène, bien sûr. Où il retrouve ses « femmes ».

« J'ai entendu la sonnette de la maison et j'ai ouvert, raconte Adua dans son livre. Et il était là, sur le seuil de la porte, le visage décomposé. C'était la première fois qu'il rentrait ainsi, sans me prévenir. Et j'ai su qu'à ses yeux, New York avait été un désastre. »

A ses yeux, sûrement. Mais pas à ceux du public qui saura attendre cinq années pour réserver à Luciano Pavarotti un triomphe à la mesure de l'Amérique !

11

PRISES DE RÔLES ET... PRISE DE POIDS

A Noël, Adua rayonne de bonheur. Luciano est enfin guéri, et son moral est au beau fixe. Fernando et Adèle se sont affairés pendant trois jours devant leurs fourneaux pour célébrer dignement le retour de l'enfant prodigue qui a fini par se ranger à leurs avis : « Après tout, ça ne s'est pas si mal passé, en Amérique, non ? »

Une petite phrase qui a fait son chemin dans l'ambiance bruissante et chaleureuse créée par les cousines et voisines qui évoquent avec attendrissement le temps où le petit galopait alentour et — « Je le disais bien, moi » — donnait déjà tous les signes de son futur talent en poussant la *canzonetta* dans la cour de l'immeuble.

En Italie, les retrouvailles, ça se fête. Surtout en fin d'année. D'autant que notre héros, malgré sa grippe — « comme il est brave ! » —, n'a pas oublié d'apporter à chacun de superbes cadeaux. Et comment fait-on la fête à Modène ? La réponse tient en deux mots : à table.

Car l'Émilie est à l'Italie ce que seraient à la France la Bourgogne, le Périgord et la Normandie réunis. La gastronomie y est un art de vivre. Pas celle des *scampi* aussi grillés que touristiques, ni celle de la rustique *pizza*. Non, en Émilie, la gastronomie est noble, riche et onctueuse !

Dans la salle à manger des Pavarotti, on a mis la nappe du dimanche et dressé le service que l'on réserve aux grandes occasions pour accueillir la rose mortadelle de Bologne-la-Grasse, les pétales transparents du jambon de Parme, la roue colossale du *parmiggiano* fruité, les fameux *zamponi* inventés à Modène et les lasagnes en rubans légers. Et encore les tagliatelles en faveurs blondes, les *tortellini* dodus, les *cappelletti* aux garnitures si fines que seule la pure crème est admise à les accompagner...

On débouche les bouteilles d'Albano blanco et de Lambrusco rouge qui pétillent dans les verres. Bref, l'on jouit de tous les délices de ce pays de Cocagne qui ont accompagné dès ses premiers pas Luciano Pavarotti. Allez rêver après cela d'une silhouette de danseur de flamenco !

Adolescent, sa croissance accélérée l'avait plus étiré en hauteur qu'étoffé, ce qui lui valait bon nombre d'œillades lorsque, avec ses copains de l'équipe de football, il apparaissait le soir sur la *Passeggiata*. Mais à l'époque, toutes les calories absorbées à la table familiale s'envolaient au plein air, effacées par les jeux et les exercices physiques. L'heure des études de chant arrivée, il avait fallu renoncer au sport : un coup de chaud, un coup de froid, un coup de soleil ou un coup de fatigue, tout, absolument tout, pouvait se porter sur ces trois centimètres carrés de chair sacrée que sont les cordes vocales.

Les conséquences — dix, vingt, trente, quarante, cinquante kilos — avaient suivi et transformé sa silhouette ! Devant cet excès pondéral, on ne peut adopter que deux attitudes : la dépression au fur et à mesure de l'épuisement et souvent de l'insuccès des régimes, ou l'acceptation de sa nature. Aujourd'hui, Pavarotti qui mesure un mètre quatre-vingt-dix pour cent dix kilos... un peu dépassés, affirme en souriant largement :

« Eh bien oui, je suis gros ! C'est ce qui fait mon succès. On ne me confond pas avec un autre. »

Une pimpante déclaration qui n'est pas toujours d'actualité, et qui alterne avec des moments plus sombres durant lesquels il lutte gramme après gramme à coups de régimes, recettes miracles et autres « trucs » incertains :

« Il faut éviter de boire du vin en mangeant. (Mais à quel autre moment en boire, je vous le demande ?) Il faut garder en permanence sous la main un plat diététique froid : ainsi, quand la faim et la tentation vous tenaillent, vous pouvez éviter de vous jeter sur n'importe quoi lorsque, les sens torturés par une délicieuse odeur culinaire, vous attendez votre déjeuner. »

Autant de préceptes éminemment sommaires, qui ne peuvent aboutir qu'à de maigres résultats... eux !

Au moins, Luciano Pavarotti ne dissimule-t-il pas sa sympathique gourmandise sous de fallacieux prétextes, du type « maigrir c'est perdre sa voix. Voyez Maria Callas ». Un argument qui fut pendant bien des années un refrain classique à la frontière de la superstition : « La voix se plaît dans la graisse », entendait-on dans la bouche d'imposantes divas. C'était oublier le physique de cinéma d'une Mary Garden ou d'un George Thill. Et puis le docteur Freud ayant fait son trou jusque dans celui du souffleur, on imputa l'embonpoint des chanteurs à la nécessité de « compenser ».

Si « stars » soient-ils, les demi-dieux et les déesses du lyrique restent avant tout des êtres humains. Avec des faiblesses, des « placebo » comme tout un chacun, pour conjurer la peur et le trac. Mais quel réconfort après le spectacle lorsque, pour partager les émotions enfin passées, l'on se retrouve entre amis autour d'une bonne table et dans un restaurant où se croisent divas et imprésarios, Maestros et fidèles. N'est-ce pas la meilleure façon de redescendre en douceur des sommets du sublime au prosaïque quotidien ? La plus généreuse récompense dispensée au corps pour le remercier de vous avoir accompagné et soutenu si haut ?

Dans ces conditions, il est bien évident que le trac

doit pouvoir se mesurer... au centimètre. Et générale-ment au tour de taille !

Quelle bienheureuse certitude que celle des instru-mentistes qui peuvent à loisir grossir ou maigrir au rythme de leurs crises d'angoisse sans que leur Stein-way ou leur Stradivarius ne se dilatent ni ne s'apla-tissent pour autant ! Mais contraindre son corps lorsque l'on est chanteur, contrarier cet instrument de musique si intime, c'est courir le risque énorme de perdre sa voix.

C'est pourquoi Luciano le sportif s'est considéra-blement éloigné du ténor photographié la raquette de tennis à la main aux côtés de John McEnroe, même si on le voit barbotant allégrement dans sa piscine pendant les vacances, s'adonnant volontiers aux joies du jumping ou de la conduite des voitures de sport...

La ligne, c'est un souvenir dont il s'est consolé parce qu'il a su s'en faire un atout supplémentaire. Puisque le public le préfère aux personnages qu'il incarne, alors autant se présenter tel qu'en lui-même, à la ville comme à la scène.

Là, sur ces quelques planches de bois qui sont leur royaume, les ténors s'appellent Edgardo, Arturo, Mario, Fernando, Radamès, Calaf, Enzo ou Ernani. Inutile de les citer tous, d'autant qu'ils ont en commun d'être pour la plupart jeunes, beaux, valeu-reux, amoureux et, bien sûr, malheureux.

On peut cependant les classer en trois catégories : les amants transis, les chevaliers sans peur et sans reproche, et les innocents aux mains pleines. Ou si vous préférez : Rodolfo de *la Bohème*, Manrico de *Il Trovatore* et Nemorino de *l'Elisir d'amore*.

Rodolfo selon Puccini ? C'est un gentil jeune homme, poète de son état, donc pauvre comme Job ; il a le ventre creux et le cœur plein d'espoir dans la mansarde parisienne qu'il habite en compagnie de ses amis, artistes aussi, lorsqu'une cousette, Mimi, sa voisine de palier, lui tombe dans les bras. La jalousie, un peu, et la misère, beaucoup, viendront à bout de leur idylle. Mimi va s'éloigner. Elle ne retrouvera son amant que pour mourir, phtisique, contre son cœur.

Quant à Manrico, Verdi et Cammarano, auxquels succéda le poète Bardare, en ont fait le jouet naïf d'une terrible vendetta qui le dépasse totalement. Poète et rebelle, il sera la victime de celui qui convoite sa douce fiancée.

Reste Nemorino. Un jeune villageois candide, qu'une Célimène rustique prénommée Adina mène par le bout du nez, de toute évidence bien plus attirée par le bel uniforme du sergent Belcore que conquise par la dégaine de son chevalier servant.

Comme on le voit, Luciano, face à ces jeunes gens romantiques que leur vulnérabilité rend sympathiques, a le beau rôle. Lui n'a jamais eu à souffrir des femmes.

L'ex-petit prince dorloté, chouchouté, adulé par sa famille d'abord, puis par tout le voisinage, et plus tard par une nuée de demoiselles, se choisira plus volontiers des personnages aimables et aimants, que tyranniques, pervers ou traîtres.

Très vite, nous l'avons dit, il repoussera le personnage de Tebaldo dans *I Capuleti e I Montecchi* comme il s'éloignera du Pinkerton de *Madame Butterfly*. Il prendra même une certaine distance vis-à-vis d'Alfredo qui fait, avouons-le, assez piètre figure auprès de la généreuse Violetta. Et puis comme il le dit :

« Dans *la Traviata*, tu chantes, tu chantes, et c'est finalement à la soprano que vont tous les applaudissements. »

Rodolfo et le duc de Mantoue resteront donc longtemps ses grands favoris. Le premier, amoureux d'une femme, le second de toutes ; une manière extrêmement saine pour Luciano de goûter aux choses de la vie !

Au point qu'on ne sait plus très bien s'il a trouvé au magasin des accessoires les kilométriques écharpes dont il s'emmitoufle à la ville, ou s'il a choisi dans sa gigantesque garde-robe celle qu'arbore à la scène le poète frileux.

De même, lorsqu'il charme avec entrain toutes les dames passant à sa portée, est-il Pavarotti-le-ténor, ou ce libertin de duc de Mantoue ? Quand on lui pose la question, il s'abrite derrière un grand rire qui laisse la place à toutes les interprétations.

Mais outre Rodolfo et le duc, ses deux rôles élus, Luciano a un faible pour trois autres personnages : Nemorino, Elvino et... Tonio qui évoquent immanquablement cette parenthèse heureuse qu'il vécut, enfant, malgré les affres de la guerre, dans la campagne d'Émilie, lorsqu'il aidait aux travaux des champs, jouait avec les autres enfants, et s'essayait sans doute aux premières joutes amoureuses auprès des petites filles dont il croisait le chemin.

C'est justement Tonio de *la Fille du régiment* que Luciano répète avec ardeur pendant les quelques années qui suivent son retour de New York. Et c'est avec ce rôle qu'en 1972 il va mettre à ses pieds — enfin ! — le public du Metropolitan Opera, et gagner ainsi, d'une seule traite, une place unique au panthéon américain des ténors.

12

LA FILLE DU RÉGIMENT ? UNE FILLE EN OR !

Lentement, obstinément, pendant ses longues années d'études, Luciano Pavarotti a fait l'expérience de la patience, rongeant son frein lorsqu'il ne pouvait s'empêcher d'espérer à Covent Garden l'improbable désistement de Giuseppe Di Stefano. Patiemment, malgré les succès remportés ailleurs, il a attendu des semaines entières devant les portes de la Scala hermétiquement closes. Plus tard lorsque sur ces mêmes scènes il a enfin triomphé personne alors n'aurait souhaité qu'il fût remplacé. Mais il lui restait encore à apprendre que l'on peut entrer par la grande porte sans pour autant convaincre.

A New York, grippé, il vient de faire l'amère expérience d'un faux départ. De là son émotion lorsqu'il ouvre la lettre de Rudolf Bing. Non seulement le directeur du Met ne lui tient pas rigueur de son annulation, mais il l'invite à nouveau sur la scène de son opéra pour chanter *Lucia di Lammermoor* et *la Traviata*.

Deux autres formidables opportunités qui en cette année 1970 n'aboutiront malheureusement pas davantage qu'en 1968. Les critiques sont bonnes. S'il n'est plus question d'être programmé en tant que doublure d'un « grand », si ses « fans » vont encore se multiplier après ces deux apparitions, il n'est toujours pas le « ténor », celui pour lequel un public très particulier court toutes affaires cessantes au rendez-vous du Met, occupant les fameux fauteuils protégés, estampillés par la petite plaque vissée au revers du dossier, une plaque qui a coûté une fortune au « bienfaiteur » dont elle porte le nom, à ceux ou à celles par la grâce et les finances desquels le temple lyrique s'est élevé sous le ciel new-yorkais.

Le public du Met est en effet un public d'abonnés en étole de vison, smoking et parures de Tiffany, aussi brillant que l'éclat de ses joyaux et les jeux de ses positions sociales. Il glisse majestueusement à travers les foyers, tandis que le Lincoln Center allume dans l'air glacé ses néons affolants, et que devant ses structures vives, se forment des embouteillages nocturnes.

Il va donc falloir attendre 1972, pour que la rencontre entre Pavarotti et le public new-yorkais ait véritablement lieu. Ce soir-là, au cœur de l'hiver, en pleine saison théâtrale et lyrique, Rudolf Bing est anxieux. S'il est sûr du succès de Joan Sutherland qui chante *la Fille du régiment* sous la direction de Richard Bonynge, qu'en sera-t-il de Luciano Pavarotti ? Comment celui-ci va-t-il se comporter aux côtés de celle pour laquelle le public est venu ?

Dans les coulisses, l'atmosphère est à l'électricité, cette étrange chaleur qui agace les doigts des habilleuses et ceux des musiciens. Cette impression indéfinissable qui signale immanquablement l'imminence d'un grand événement. Pour l'instant, le courant est resté circonscrit aux arrières de la scène. De l'autre côté du rideau de fer, les spectateurs bavardent, s'éventent avec leurs programmes et regardent distraitement les grands lustres sombrer imperceptiblement dans une nuit souhaitée que va illuminer un nouvel astre !

***

Tous ceux qui ont assisté à cette soirée en gardent un souvenir ébloui mais confus, probablement dû à l'émotion. Emportés, transportés, comment auraient-ils eu le loisir d'analyser leurs états d'âme ? Mais dix ans, vingt ans, trente ans plus tard, ils disent et diront encore : « J'y étais. » Une phrase qui suscite chez l'interlocuteur le moins averti un silence respectueux nuancé d'envie.

Luciano, lui, après une journée sagement passée à son hôtel, est arrivé très tôt emmitouflé jusqu'aux yeux pour franchir les trois mètres qui séparent sa voiture de l'entrée des artistes : « Le souvenir de ma grippe, en 1968, me donnait à lui seul la chair de poule. Et même si Sir Rudolf Bing ne m'en avait pas tenu rigueur, je ne pouvais pas m'empêcher d'y songer, et j'y repense toujours, chaque fois que je remets les pieds au Met. »

Pour plus de précaution et parce qu'il se rappelle avec trop d'acuité ses heures de solitude quand la fièvre — et l'angoisse — le torturaient dans son lit, Adua est cette fois-ci, à ses côtés. Et pour que la sérénité de son grand homme soit totale, elle a emmené avec elle leurs trois filles. Tout à l'heure, elles prendront un taxi pour s'installer dans la salle où elles seront, Luciano n'en doute pas, les premières à l'applaudir, et ses plus ardentes admiratrices.

A cet instant précis, juste avant le lever de rideau, Luciano est confiant. Il a travaillé tout l'après-midi, éprouvé et testé son souffle avant de se livrer aux mains des maquilleurs, des coiffeurs et des costumiers.

Sa voix, il le sait, est au mieux de ses possibilités et si ce n'était ce trac qui, comme toujours, l'envahit au dernier moment, il serait presque détendu, tant il se sent particulièrement bien entouré. Au pupitre, Richard Bonynge, « Rickie » pour les amis dont Luciano fait partie, efface le souvenir de ce chef italien qui l'a abandonné lorsqu'il était malade, sur ce même plateau.

Et dans la loge voisine, les vocalises de Joan Sutherland le rassurent. Quoi qu'il arrive, il sait qu'il peut compter sur elle. Il se souvient de l'indestructible complicité qu'ils ont partagée sept ans plus tôt, lors de cette grande tournée australienne avec son mari. Depuis, ils se sont souvent retrouvés, y compris dans cette même *Fille du régiment* qu'ils vont chanter ce soir et à l'issue de laquelle il a été présenté à Covent Garden à la Reine-mère en personne.

Mais ce soir, drôle et charmant dans son personnage de villageois amoureux entraîné dans une guerre en dentelles — on peut le dire sans rien ôter à la gloire de Joan Sutherland — c'est lui, Luciano Pavarotti, qui va tenir le devant de la scène. Et, dès les premières mesures, porté par cette musique qui « fait du bien à sa voix », il le pressent.

Après le triomphe attendu de Sutherland dans l'air martial de Marie la Vivandière, après le chœur du 21e régiment de grenadiers, « Chacun le sait, chacun le dit », après leur duo d'amour, « De cet aveu si tendre »... qui leur vaut une trombe d'applaudissements, Luciano alias Tonio attaque les premières notes de l'air de bravoure du deuxième acte, « Pour mon âme, quel destin »... tel que l'a écrit Donizetti et tel qu'avant lui personne ne l'a encore chanté.

Fascinés, des spectateurs soulevés de leurs sièges par l'enthousiasme jureront plus tard avoir compté deux contre-ut de plus que la partition l'exigeait. Alors, sept, huit, neuf, pourquoi pas dix ? Et qu'importe après tout ! La salle est debout. Elle hurle, trépigne, elle est en transe...

La nouvelle de l'exploit se répand comme une traînée de poudre dans New York. Pour entendre l'Homme à la Voix d'or, certains sont prêts à tout : et d'abord à dépenser la petite fortune nécessaire à l'acquisition d'une place au marché noir ! Et à chaque nouvelle représentation, porté par les ovations, Luciano Pavarotti réitère son exploit et son triomphe. Cette fin d'année sera pour lui un tournant dans sa vie. En quelques jours, il est devenu une idole que l'on pourchasse jusqu'à son hôtel. Les chauffeurs de taxi lui demandent des autographes. La radio, la télévision, ne parlent que de lui. Et la presse lui ouvre les bras et lui consacre ses colonnes. Emporté par une déferlante lyrique un critique titrera même : « Quand il est né, le Bon Dieu a baisé ses cordes vocales. »

Une formule lapidaire et abrupte qui n'explique rien ! Même si l'on sait qu'il s'est découvert très vite, auprès de son maître Arrigo Pola, une oreille « absolue », qui lui permet de corriger à chaque instant la justesse de chaque note ; même s'il reconnaît qu'il a acquis, auprès de sa partenaire Joan Sutherland, un diaphragme d'acier qui propulse puissamment une colossale réserve d'air du plus profond de ses poumons au plus perlé de ses sourires, le mystère demeure. On continue de s'interroger sur le pourquoi de cette petite différence qui change tout. Et s'il suffisait pour trouver la clé de l'énigme de l'écouter... parler ! C'est frappant de voir à quel point nul autre ne possède mieux que lui l'art de la prononciation, la maîtrise de l'élocution. Pas une voyelle ne dérape, pas une consonne ne saute, pas une syllabe n'accroche. « Je suis une Ferrari », aurait-il dit un jour. Pas seulement, parce que la fameuse firme est installée à Modène ! « Nous avons tous au moins trois voix, poursuit-il. L'une dans le grave, l'autre dans le médium, la dernière dans l'aigu. Le problème n'est pas de contester ou d'admettre ce point. La difficulté est de parvenir, sans heurt, de l'une aux autres. »

En passant de celle-ci à celle-là, on change de registre... comme un moteur change de régime. Un *passaggio* brutal est aussi pénible pour un mélomane que le grincement des pignons torturés aux oreilles d'un bon automobiliste. Il en est de même pour ses fameux aigus qu'il lance à pleine voix sans donner la moindre impression de forcer...

« Pendant très longtemps, les chanteurs ont contourné l'obstacle des terribles contre-ut de *la Fille du régiment* en les donnant avec une autre voix, la voix de fausset, m'explique-t-il. Ou tout bonnement en transposant ce passage un ton plus bas. »

Aussi, quand pour la première fois, il décide de

chanter la partition exactement dans le ton écrit par Donizetti, c'est la stupeur générale :

« C'était à Covent Garden, je m'en souviens très bien. Nous répétions nos rôles avec Joan Sutherland. Lorsque j'ai attaqué les contre-ut, les musiciens, au lieu de continuer à m'accompagner, ont lâché leurs instruments pour m'applaudir. Ils ont tant et si bien applaudi, que j'ai décidé de continuer. »

Goût de l'exploit ? Désir de se dépasser ? Pari avec soi-même ?

« Je sais que beaucoup de gens attendent ces contre-ut comme on attendrait, au cirque, le triple saut périlleux, sans filet, du trapéziste. » Avec l'inavouable petit frisson déclenché à l'idée que celui-ci pourrait tomber ? Luciano soupire, amusé : « Probablement. Mais moi, je le fais non pas pour satisfaire le goût morbide d'un public, mais pour Donizetti. Il faut bien que quelqu'un traduise son œuvre, non ? Et c'est un compositeur à qui je dois bien ça... »

Et d'ajouter, épanoui :

« Allons ! Je vais être totalement sincère, ça ne m'empêche pas d'aimer les applaudissements. Je les attends. Je les respire. Ils sont mon oxygène... et ma récompense, car je dois travailler, travailler tous les jours. Faire des exercices. Des vocalises, des phrasés. Que je sois à New York ou en Italie, chez moi ou dans ma chambre d'hôtel, j'ai toujours un piano à portée de la main pour m'exercer. » Reste à choisir son terrain avec discernement. Pavarotti l'a trouvé d'emblée : c'est la voie de la lumière, la route du beau chant. Le « bel canto » est un domaine dans lequel l'Italie et les ténors italiens ont fait leurs preuves comme en témoignent dans les années soixante-dix, les noms qui vont suivre, une galerie de portraits dans laquelle Luciano vient d'entrer.

Le premier d'entre tous, c'est Mario del Monaco. Il est né en 1915, et en cette année 1972 — cinquante-sept ans plus tard — sa carrière décline. Malgré ses performances, en particulier dans *Otello*, qui ont bouleversé la planète, tout comme ses historiques prises de bec avec Maria Callas, malgré sa vaillance qui en fait l'un des partenaires préférés de Renata Tebaldi, ses excès d'héroïsme vocal ont fini par lasser le public, qui le trouve alors démodé.

Giuseppe Di Stefano, né en 1921, le second de ce cénacle, n'est plus, en ces jours, le brillant Alfredo qui donnait la réplique à la même Callas, et ses défections sont de plus en plus nombreuses. Néanmoins, il est toujours aussi aimé et applaudi aux côtés de la divine lorsqu'elle fait ses adieux à son public éploré.

Quant à Carlo Bergonzi, né en 1924, c'est un personnage absolument magnifique ! A l'époque qui nous intéresse, le grand ténor demeure égal à lui-même : souffle inépuisable, souplesse incomparable, pureté inimitable. Il est né à deux lieues de Bussetto, patrie du grand Verdi, et — hasard ou prédestination ? — il demeure le plus prestigieux de ses interprètes, au fil d'une carrière que les années ne parviendront pas à ternir.

Voilà pour les Italiens, mais pour les mélomanes (et pour les directeurs de scène lyrique) d'autres grands artistes honorent la profession.

Ainsi Nicolaï Gedda, ce Suédois d'origine russe, né en 1925, dont le génie dépasse largement le paysage du bel canto. Cet homme, qui parle huit langues, a accumulé depuis ses débuts une discographie impressionnante. Aux quelque soixante opéras inscrits à son répertoire, il faut ajouter une centaine d'oratorios, de lieder et de mélodies qui font de lui au début des années soixante-dix, l'un des artistes les plus complets de son temps.

Il en est de même pour Jon Vickers, né en 1926 au Canada. Aussi éclectique que Nicolaï Gedda, Vickers passe de Florestan à Peter Grimes et d'Otello à Don José sans négliger pour autant les redoutables rôles wagnériens. A cette époque, il est au sommet de sa carrière, tout comme un autre formidable ténor, d'origine espagnole — même si son nom ne l'indique pas forcément — qui naquit sur la péninsule Ibérique en 1927, Alfredo Kraus, aristocratique et fort réservé à la manière des Grands d'Espagne et, de tous, le moins soucieux de réussite médiatique. Le grand public qui mit du temps à le découvrir s'est depuis largement rattrapé, lui réservant un accueil enthousiaste qui salue l'intelligence et la prudence avec lesquelles il a mené sa carrière ; la performance aussi d'un homme qui encore aujourd'hui, à plus de soixante ans, chante toujours *Werther* avec la voix et l'âme du personnage ! Et Placido Domingo ! A ce moment précis, Domingo, né en 1941, n'a pas encore commencé la carrière cinématographique qui fera de lui le grand rival de Pavarotti dans le cœur des foules. Mais déjà il peut tout chanter, tout jouer, de Radamès à Otello sans oublier la *zarzuela*, cette cousine espagnole de la *canzonetta* chère à Luciano qui accédait donc, en cette année 1972, au rang de star internationale !

13

PAVAROTTIMANIA

Luciano a trente-sept ans. Le voici donc au sommet. Désormais ses sujets le proclameront prince des ténors, roi du contre-ut, empereur du lyrique. Tout comme ces divas des temps passés dont les aficionados traînaient la calèche après avoir dételé les chevaux, ses fans formeront devant lui une haie humaine dont les vivats et les acclamations le soulèveront par-dessus terre, mieux et plus haut que s'ils le juchaient sur leurs épaules.

Pourtant « Luciano le bien-aimé » sait que ce sommet est étroit, inconfortable, hasardeux. Avec sa sagesse d'homme du peuple, il a très vite compris l'importance des médias — presse, radio ou télévision — qui peuvent, en quelques heures, voire instantanément, porter votre voix de l'autre côté de la planète, conquérir le public de Tokyo depuis la scène de San Francisco, comme il a très vite appris à s'entourer de quelques personnes qui lui seront entièrement dévouées.

Et justement, son nouvel agent, Herbert Breslin, va concilier à merveille médias et métier. Professionnel jusque dans les moindres détails, il va gérer la carrière de Luciano Pavarotti comme les plus grands imprésarios des studios d'Hollywood géraient celles de leurs stars, s'appuyant sur un poulain d'autant plus coopératif qu'il avait encore en mémoire l'effet prodigieux de son passage à la BBC. C'était, on s'en souvient, dans l'émission « Sunday Night at the Palladium », à la suite de sa première apparition à Covent Garden, et du jour au lendemain, des gens qui n'avaient jamais entendu un opéra de leur vie s'étaient passionnés :

« Peut-être avaient-ils finalement l'esprit bien plus ouvert que les amateurs diplômés ! Peut-être aussi n'avaient-ils pas d'autres moyens de découvrir des spectacles trop inaccessibles financièrement et... socialement ! L'important était donc d'aller vers eux, chez eux, pour qu'ils vous connaissent tous de près. Et tant pis si je remplis l'écran à moi tout seul. »

Après la conquête du public du Met, il était prêt pour commencer sa campagne de séduction par le biais des « étranges lucarnes ». Une campagne qui sera, grâce à Herbert Breslin, admirablement orchestrée. De ses apparitions aux heures de grande écoute aux causeries plus intimes au coin du feu, de ses interventions dans les journaux télévisés où il figure en invité d'honneur aux shows retransmis en direct, Pavarotti occupe le terrain.

Avec le même enthousiasme et la même décontraction, il bavarde avec Frank Sinatra, donne son point de vue, déguisé en émir, sur la crise du pétrole, dédicace la pochette de ses derniers enregistrements au président Carter, discute aimablement avec Nancy et Ronald Reagan sans omettre d'échanger quelques balles avec le farouche John McEnroe irrésistiblement conquis par l'incroyable gentillesse de cet autre génie : « Il me les envoyait bien droit, et moi, je les lui renvoyais comme je le pouvais... »

De son mieux, on peut en être sûr. Comme il a toujours tout fait dans sa vie. Avec une formidable bonne volonté qui s'appuie sur la plus pointue des intuitions. Personne mieux que lui ne sait à point nommé accepter d'alterner un air d'opéra et une chanson napolitaine. Personne ne possède son aisance pour passer du sérieux au badin, de la musique à la véritable recette des spaghettis à la bolognaise où là encore il fait un triomphe ! Et puis il a l'art de placer la bonne réplique au bon moment. A cette interview accordée pendant l'entracte d'un opéra retransmis en direct, alors qu'on l'imaginait tendu et pétri de trac, il répondit à la ravissante créature qui lui demandait :

« Pensez-vous, vous aussi, que le Bon Dieu, à votre naissance, a embrassé vos cordes vocales ?

— Moi, je ne sais pas... mais vous, il vous a certainement embrassée partout ! »

C'est avec de pareilles reparties que Luciano a fait chavirer les Américains, et surtout... les Américaines. Que l'une de ses apparitions soit annoncée à la télévision et douze millions de spectateurs s'agglutinent devant leur petit écran. Record absolu pour un interprète classique !

Sans compter celles et ceux qui, dès le lendemain, courent chez leur disquaire s'offrir ses disques, pour pouvoir encore, chez eux, prolonger le plaisir et déguster à loisir la voix de leur cher Luciano.

Naturellement, le courrier qui arrive par sacs entiers est à l'avenant. Des monceaux de lettres et de paquets déversés, tous les jours, devant la porte de la maison de Modène, dont le contenu va de la simple carte postale de félicitations à la demande en mariage circonstanciée, de l'écharpe tricotée main et enveloppée de papier à musique au gâteau d'anniversaire à son image, sans oublier les innombrables clous tordus qui portent bonheur !

De New York à Philadelphie, de Miami à San Francisco, la pavarottimania se répand comme une traînée de poudre et s'installe dans les mœurs américaines. Signe suprême de réussite médiatique, l'American Express lui demande un spot publicitaire... Va-t-il accepter ? Dans un premier temps, il hésite, réfléchit, conscient de la révolution qu'un tel « clip » va forcément déclencher dans le monde du lyrique. Pavarotti vantant les mérites d'un produit commercial, n'est-ce pas dangereux pour son image, cette image qu'il construit jour après jour, avec tant d'attention ? Ne va-t-il pas l'entacher d'une réputation d'avidité au gain ou de mégalomanie ?

« Et puis j'ai vu Pelé, mon idole, à la télévision. Lui, il avait accepté. Pour le football. Je me suis dit, et pourquoi pas moi pour l'opéra ? C'est aussi un moyen de le populariser... »

Alors, envoyant au diable les snobs, les gardiens du temple et autres « pisse-vinaigre », il accepte.

« C'est bon pour American Express, c'est bon pour moi, et c'est bon pour la musique... alors... »

***

Désormais, la grande silhouette et le sourire éclatant de Luciano s'affichent sans complexe : des apparitions qui ne sont pas le fruit du hasard, mais celui du savoir-faire d'Herbert Breslin, qui mène, prestissimo, les affaires de celui qu'on appelle maintenant « Big P », du sobriquet affectueux inventé par dame Joan Sutherland.

« C'est une bonne chose de lire son nom en haut de l'affiche, glisse l'homme d'affaires à l'oreille de la nouvelle star. Mais mieux encore de l'y lire TOUT SEUL. »

Le défi est de taille ! Si en effet le public se déplace aisément pour un opéra qui affiche les divas dans des mises en scène coûteuses et spectaculaires, avec d'ailleurs plus ou moins de bonheur, il n'en est pas de même pour un récital. Deux heures durant, sans changement de costume, ou de décor, accompagné d'un pianiste, l'artiste affronte un public généralement avisé auquel il ne peut rien dissimuler.

Jusque-là, Luciano Pavarotti a très peu donné dans ce genre excitant certes, mais périlleux : quelques airs choisis dans un florilège du bel canto à ses débuts pour se faire connaître, quelques apparitions seul encore, lorsque son maître, Arrigo Pola, programmait, dans de petits théâtres de l'Émilie, un récital ou deux de bel canto dans lesquels il inscrivait ses élèves ; Moscou en 1964, Paris, salle Pleyel, en 1965 — en compagnie de Mirella Freni — sans oublier sa prestation en 1971, lors du récital donné au Metropolitan Opera à l'occasion des adieux de Sir Rudolf Bing...

Bref, si l'on exclut les opéras en version-concert et quelques *Requiem* de Verdi ici ou là (dont le plus fameux reste celui de la Scala, sous la direction de Karajan), les doigts des deux mains suffisent pour compter ses apparitions en civil, à visage nu si l'on peut dire.

L'expérience est donc quasiment nouvelle et la chose n'est pas pour lui déplaire. Il aime les défis, c'est son goût du poker. Mais cette fois, le jeu auquel il joue est dangereux. Devenu célébrissime, il sait que la prolifération des apparitions et le tapage mené autour de sa campagne médiatique en ont agacé plus d'un et qu'on l'attend au tournant !

Au moindre faux pas, la critique sera cruelle. En clair, il n'a pas le droit à l'échec. Aussi prend-il la sage décision avant de programmer une série de récitals hors normes, de tester à la fois son endurance et son répertoire sur son public, sans la moindre publicité ni la plus petite télévision. Et pour parer à tout éventuel échec, Luciano part à la recherche des meilleures conditions pour roder son programme.

Or justement à Liberty, dans le Missouri, vit un généreux bienfaiteur, qui signe des chèques aux multiples zéros en faveur d'une école : le William Jewell College. L'idée d'un concert de bienfaisance ne peut que séduire Pavarotti qui signe sans hésiter. On imagine l'excitation et l'enthousiasme de s'offrir un gala avec le nouveau héros du jour : la star du Metropolitan Opera !

Dans l'affaire, tout le monde est gagnant ; les mélomanes provinciaux, qui accourent des quatre coins de l'État, ivres d'orgueil à l'idée de recevoir et d'applaudir un personnage aussi illustre. Le bienfaiteur, qui verra les caisses du Collège s'emplir d'un beau nombre de dollars. Et surtout, Luciano Pavarotti qui, loin des grands axes traditionnels du lyrique, va mettre au point un récital qu'il reprendra un peu plus tard, dans un lieu plus huppé, mais aussi beaucoup plus périlleux, Carnegie Hall à New York.

Le choix de Luciano Pavarotti est à son image : généreux et parfaitement honnête. Pavarotti ne triche pas. Tosti, Bellini, Rossini, Respighi... tout est judicieusement choisi. Et parfaitement interprété. A Liberty, on n'en croit pas ses oreilles. Les connaisseurs se délectent, les néophytes sont conquis. Luciano remporte un énorme succès qui ne se démentira pas à Carnegie Hall, malgré la rigueur du public et les exigences de la programmation.

Désormais et en toute sérénité, Luciano Pavarotti peut accepter la suggestion de son agent et entamer une nouvelle carrière qui va consolider sa fortune... et sa légende !

C'est en effet à cette époque qu'apparaît un accessoire inséparable du personnage... le mouchoir ! Mais pas n'importe quel mouchoir ! Un mouchoir à la dimension du Maestro et de sa réputation. Immaculé et vaste comme une nappe d'autel, déployé au bout de ses doigts comme la voile d'un navire, c'est son balancier, son grigri, sa... partenaire !

« Je me suis très vite aperçu que je gardais, pendant les récitals, les habitudes et les tics du théâtre. Je bougeais trop, je faisais des gestes démesurés, de grands moulinets de bras. Dans le costume du duc de Mantoue, c'est assez recommandé, mais en frac, coincé dans le creux d'un piano, c'est insupportable pour le public. »

Un public qui se rallie au... mouchoir blanc de notre héros, comme il suit attendri les jeux d'écharpes de mousseline salvatrices des cantatrices. Un mouchoir symbole de la grande tradition des ténors italiens, ceux-là mêmes qui faisaient rêver le petit garçon de Fernando Pavarotti.

14

SHOWS DEVANT !

Récapitulons : que lui reste-t-il à conquérir ? Les grandes scènes et le public traditionnel du lyrique ? C'est fait. Les plateaux de télévision et les téléspectateurs ? C'est fait. Les austères amateurs de récital et les salles de concert ? C'est fait.

Pourtant Luciano va voir encore plus grand ! Il veut innover, inaugurer une nouvelle manière d'approcher le monde de l'opéra, et pour cela il va se lancer dans ce qui était alors inconcevable pour les puristes qui le lui reprochent d'ailleurs encore aujourd'hui... les shows.

Ces méga-rassemblements, Pavarotti les veut calqués sur le modèle des festivals de musique pop, style Woodstock, qui ont fait trembler, il y a vingt-cinq ans, une génération entière de parents, tous les services d'ordre du monde et la morale puritaine, ou, comme aujourd'hui, sur le modèle de ces immenses concerts donnés dans des stades ou des parcs, par Michael Jackson, Prince ou Madonna. C'est en effet avec ce genre de manifestations que Luciano va déclencher la révolution Pavarotti.

Mais revenons en 1973, en septembre de cette année précisément. Nous sommes dans l'immense Golden Gate Park de San Francisco qui s'étend sous le pont du même nom. Ils sont debout, assis, couchés ; ils ont douze, vingt ou quatre-vingts ans. Certains sont endimanchés, la plupart portent l'uniforme de leur génération, le blue-jean.

Depuis des heures, ils l'attendent. Ils l'ont vu à la télévision, mais ils ne l'ont jamais approché, et ce n'est sûrement pas aujourd'hui qu'ils pourront lui arracher en souvenir un bouton de sa chemise : le service d'ordre est à la mesure de l'assistance qui se bouscule, bariolée, excitée, multiple, à la mesure aussi de la superstar.

Ce soir Pavarotti inaugure la série de ces gigantesques concerts dans lesquels, comme ailleurs, il va faire merveille. Et le plus fou, c'est qu'il a entraîné avec lui l'orchestre de San Francisco au grand complet, dirigé par Kurt Herbert Adler : autant dire que pour ces musiciens, le lieu est tout aussi nouveau qu'extravagant.

Désormais, le public prendra l'habitude de se retrouver dans des lieux où l'on n'avait jamais entendu le moindre contre-ut classique ! Ainsi le show de Madison Square Garden à New York ou celui qui se tiendra aux abords du Blossom Music Center de Boston avec des fans agglutinés pour assister à un concert invisible : Big P. chantant dans la salle, pendant que des haut-parleurs retransmettent sa divine voix !

A vrai dire, où qu'elles aient eu lieu, ces fêtes laissèrent des souvenirs éblouis à leurs participants. Nous avons le témoignage d'une jeune femme nommée Jenny qui assistait au concert de Central Park en 1980.

« Il faisait très beau. Pas trop chaud. Une vraie journée de printemps. Nous nous sommes crus très malins, mon mari et moi, en arrivant dès le début de l'après-midi. Mais à peine étions-nous parvenus à la station de métro que nous avons compris. Les gens débordaient dans tous les sens. Les plus organisés avaient emporté un pique-nique. Les plus prudents des couvertures. Les plus impatients des jeux de cartes. J'en ai même vu avec des partitions : incroyable ! »

Qu'on imagine un instant cette estrade colossale qui s'élève au loin, et puis les frondaisons des arbres, et les buildings de plus en plus nettement découpés sur le ciel empourpré par la nuit tombante.

« La scène s'est éclairée, se souvient encore Jenny. Mais on ne voyait pas grand-chose. Je ne connaissais pas l'histoire de *Rigoletto*. On nous a raconté. Il y avait des gens qui savaient tout. Le nom du chef, par exemple, James Levine, qui dirigeait les chœurs et l'orchestre du Metropolitan Opera. Je croyais que ce serait long. Je commençais à avoir faim. Et froid. On a bu de la bière. Des jeunes fumaient des joints. Quand enfin ils ont commencé, je songeais presque à repartir. Et puis voilà : " Il " s'est mis à chanter. Et j'ai oublié le vent qui s'était levé et la faim. Et je l'ai écouté. Et je ne me suis pas ennuyée une seconde. J'ai à peine écouté les autres chanteurs. C'est lui que j'attendais. Lui qui m'a captivée. Après, j'ai acheté plusieurs de ses disques... »

Cette soirée dont se souvient Jenny, ils ont été deux cent mille à la vivre. Vous avez bien lu : deux cent mille à avoir ressenti le même frisson, la même excitation lorsque Luciano Pavarotti s'est mis à chanter.

« Vous savez, je n'ai rien noté, ni pendant, ni après. Je ne savais pas que c'était historique, ce concert. Je ne connais rien à la musique. Seulement ce fut une date, un événement très important pour moi. Je n'oublierai jamais... »

Peut-on imaginer plus sincères, plus chaleureux commentaires ?

En une seule soirée le grand, l'immense public, celui que l'on dit populaire, a été totalement conquis. Ces hommes et ces femmes que le prix des places d'opéra rebutait, comme les rebutait ce qu'ils croyaient être une nécessaire érudition pour y accéder, ont été fascinés et définitivement séduits par celui qui leur faisait découvrir l'opéra en quelque sorte à domicile.

Après cela, comment s'étonner de cette nouvelle

consécration que connaîtra Luciano, quelques mois après le show de Central Park ?

Une fois de plus, la rue est envahie par la foule. Des dizaines de milliers de New-Yorkais de tous âges et de toutes les couleurs arborent, en poussant des cris d'enthousiasme, des badges qui portent cette petite phrase fervente : « LUCIANO, WE LOVE YOU. » Quatre mots que l'on retrouve sur de larges banderoles qui escamotent presque celles que l'on a déployées à l'occasion du Colombus Day, jour anniversaire de la découverte de l'Amérique par Christophe Colomb.

Luciano doit-il chanter au Metropolitan pour célébrer l'événement ? Pas le moins du monde ! D'ailleurs le voilà qui arrive, sur un grand cheval noir, en tête de la parade, drapé dans un poncho aux couleurs du drapeau américain, royal sous les hourras. Il va au petit trot rejoindre les officiels qui entourent... Jimmy Carter ! Le président des États-Unis d'Amérique devant lequel il met pied à terre avec souplesse pour lui donner l'accolade.

« C'était le 12 octobre. Un jour inoubliable : je fêtais en même temps le jour anniversaire de la découverte de l'Amérique par l'un de mes plus illustres compatriotes, et mon propre anniversaire ! »

Peut-on rêver plus belle façon de célébrer ses quarante-cinq ans ?

***

« Depuis Central Park, j'ai acheté plusieurs de ses disques. »

Ainsi parlait Jenny, cette jeune femme new-yorkaise qui avait découvert Luciano Pavarotti à la télévision, et l'avait écouté « pour de vrai » en plein air.

L'une de celles et de ceux qui après ces shows ont acquis quelque trente-cinq millions de disques. Dont un million pour le seul *Minuit chrétien*. De quoi faire rêver beaucoup d'autres stars du lyrique...

Et si l'on songe à toutes ces voix historiques, de la fringante Pasta à l'impériale Grassini, des mythiques castrats Farinelli ou Cafarelli, aux romantiques Malibran ou Sontag ; les Rubini, Nourrit, Duprez... Aussi délirants que furent leurs admirateurs, ils ne se comptaient guère que par petits milliers, ceux qui eurent le bonheur de les entendre. Et encore, pas toujours au meilleur de leur forme, ni au plus haut de leur carrière ni dans leurs plus incontestables succès !

Aujourd'hui, quand à Melbourne ou à Paris une voix s'élève pour quelque deux ou trois mille privilégiés, l'on peut être certain qu'au même instant, à Bari, Southampton, Kyoto ou ailleurs, elle se fait entendre pour des milliers d'autres amateurs, sur un poste de radio, un modeste électrophone ou la plus sophistiquée des chaînes haute-fidélité !

Et s'il est impossible d'évaluer le nombre de ces « concerts » privés en additionnant les enregistrements vendus, puisque, en toute logique, on les écoute de nombreuses fois, on peut sans hésiter affirmer qu'à l'apothéose de la carrière de Pavarotti comme à l'origine de sa vocation, il y a le disque !

L'air de Canio le Jaloux, dans *I Pagliacci* de Ruggiero Leoncavallo, « Vesti la giubba », Luciano enfant l'a entendu, interprété par Enrico Caruso lui-même. Une sorte de miracle qui n'a été possible que grâce à la clairvoyante confiance de l'incomparable artiste envers cette bizarre et toute nouvelle technique de l'enregistrement.

A l'époque où il grave cette aria sur une grosse galette noire, Caruso est quadragénaire, illustre et adulé. Rien qui le dissuade pourtant d'accepter de se poster, face à l'étrange pavillon, dans la position du petit chien de « La voix de son Maître ». Ni d'entonner une dizaine de morceaux choisis... Le tout pour une misère, une somme dérisoire, en comparaison de ses somptueux et très nombreux cachets. C'est pourtant dans ces circonstances que le 12 novembre 1902, avec un piano pour unique partenaire, Caruso trace le premier sillon de sa fortune discographique. Mais quelle intuition ! Quelle intelligence ! Ce « Vesti la giubba » sera le premier disque classique qui se vendra à plus d'un million d'exemplaires !

Pour ce qui concerne Luciano Pavarotti, s'il enregistre bien, comme nous l'avons vu, son premier disque en 1964 : quelques airs de *la Bohème*, de *Tosca* et de *Rigoletto*, ce n'est que dans les années soixante-dix que commence cette fastueuse ascension discographique qui prendra un essor planétaire !

« Il est hors de question aujourd'hui d'envisager une grande carrière sans enregistrer. C'est aussi important que la scène ou le récital. »

Même si l'on perd cet électrisant contact avec le public ?

« Il est inexistant, c'est sûr. Et je le regrette. Pendant quelque temps, j'ai préféré les enregistrements "live". Mais à la réflexion, j'ai fini par me ranger à l'avis du plus grand nombre. Cette spontanéité du direct avait de sérieux revers de médaille : le même tout petit défaut, entendu trente fois, devient une monstruosité. Aujourd'hui, on peut encore être totalement subjectif et partial sur telle ou telle interprétation, mais on est devenu impitoyable quant à la technique. »

Effectivement, il est révolu le temps où Adelina Patti, entendant sa propre voix dans un passage de la *Sonnambula* qui venait d'être enregistré, s'écriait, négligeant une gravure probablement très infidèle, puisque réalisée en 1905 :

« Mon Dieu, je comprends enfin pourquoi je suis Patti ! Quelle voix ! Quelle artiste ! »

Quel confort aussi, à l'heure de la haute-fidélité et du compact disc, que de pouvoir éviter tout risque inutile :

« Le studio, c'est la sécurité. L'approche, sinon la conquête, de la perfection. »

N'en concluez pas pour autant que notre ténor, installé chaque soir dans son rocking-chair, un cigare entre les doigts, écoute avec complaisance son interprétation de *Guglielmo Tell* ou de *Un Ballo in maschera*.

« Ah non ! Jamais ! Je ne ré-écoute jamais mes disques, jure-t-il, quand c'est fini, c'est fini. »

Mais quand on croit que c'est fini, il arrive que cela recommence...

Ainsi, en cet après-midi de septembre, à San Francisco où le Maestro, accueilli par une batterie de caméras de télévision, descendit de sa limousine pour s'engouffrer sous les vivats dans un grand magasin.

Luciano Pavarotti va dédicacer ses disques ! La nouvelle, annoncée par la radio et quelques journaux, a précipité ses fans dans la rue.

Il est trois heures. Depuis la fin de la matinée une longue file d'attente s'est formée qui serpente maintenant à travers les rayons, patiente et caquetante. On partage les commentaires sur les dernières apparitions, télévisées ou « live », du Maestro, on évalue... puis un grand mouvement se fait, il arrive, il est là ! Luciano prend place derrière une table qui semble minuscule et devant une immense affiche épinglée au mur, sur laquelle chacun peut lire, en trois mots, l'histoire (à l'américaine) des ténors : Caruso, Björling, Pavarotti.

Deux Italiens et un Suédois. Pour un même affrontement.

Adossé à une véritable muraille de 33 tours, Pavarotti qui ne sait pas encore ce qui l'attend — une performance qui aurait dû lui valoir une citation particulière dans le *Livre des records* — sourit et signe. Signe et sourit...

Une heure. Deux heures. Trois heures. Sans la moindre trace de lassitude devant une file d'attente qui ne diminue pas le moins du monde ! A croire qu'elle tourne en rond, comme ces figurants qui, dans les théâtres à petit budget et pour simuler une armée pharaonique, disparaissent côté cour pour réapparaître côté jardin.

L'après-midi s'achève. Le soir, puis la nuit tombe. Les cadavres des stylos vides s'entassent dans la corbeille à papier, pêle-mêle avec ceux d'innombrables bouteilles d'eau minérale.

Et l'heure de la fermeture est largement dépassée lorsque, saisi par la crampe de l'écrivain, Luciano Pavarotti se lève brusquement de son fauteuil et met fin au marathon.

Immergé dans un fond sonore où sa voix enregistrée se mêlait à celles de ses admirateurs, noyé sous les compliments, les remerciements, il a signé des autographes et dédicacé ses disques pendant... huit heures d'affilée ! Un exploit qu'il renouvellera quelques années plus tard, à New York où il tiendra la distance jusqu'à une heure du matin. A la sortie du supermarché, on lui glisse à l'oreille un chiffre : 6 000 ! Six mille disques vendus ! Soit six mille autographes donnés !

Et c'est à partir de 1972, décidément une année charnière, que le « boom » discographique de Luciano Pavarotti, de mieux en mieux orchestré par la firme Decca avec laquelle il traite en toute exclusivité, et (le fait vaut d'être signalé) en toute fidélité, prend une dimension phénoménale. Les bacs des disquaires commencent alors à déborder de ses albums, avec son nom en première ligne.

Observez le phénomène : si sur l'enregistrement de la *Beatrice di Tenda* de 1967, ou sur celui de *la Fille du régiment* de 1968, c'est le sourire en gros plan de Joan Sutherland qui illustre les pochettes, après le fabuleux succès du Metropolitan Opera, c'est le visage de Pavarotti qui occupe systématiquement tout l'espace de la couverture. Sur fond de ciel italien ou de rideau de théâtre. Sur fond de pourpre. Sur fond d'or. En frac ou en Pierrot. En pied ou en plan américain, il est de plus en plus souvent agrémenté d'une cocarde ou d'un sigle, symbole de quelque flatteuse récompense qu'il collectionne allégrement : prix de la Critique italienne ou canadienne, Grand Prix du disque lyrique français, Grammy Award américain et autres Disques d'Or.

Et quelle intelligence dans le choix des compilations, dans celui des opéras, dans les alliances entre les grands airs du bel canto et quelques arias plus austères. Tous les goûts sont non seulement admis, mais respectés, pris en compte, et flattés par un enregistrement établi quasiment à la carte.

Voici pour les curieux, *Un Ballo in maschera* de Verdi dirigé par Bruno Bartolli et enregistré en 1970 avec... Renata Tebaldi ! Et aussi un *Andrea Chénier* de Giordano, avec Montserrat Caballé, sous la direction de Riccardo Chailly de 1984 : une œuvre qui fait partie des opéras que Luciano ne chante pas en scène, comme le *Guglielmo Tell* de Rossini qu'il a gravé avec Mirella Freni, toujours sous la direction de Riccardo Chailly, en 1978, 1979.

Les tempéraments plus prudents et résolument classiques ont certainement déjà dans leur discothèque la sublime *Bohème* avec Mirella Freni, sous la direction d'Herbert von Karajan, ou *la Fille du régiment* de Donizetti avec, bien entendu, Joan Sutherland, sous la direction de Richard Bonynge. Ils pourraient y ajouter, plus rare, le *Mefistofele* de Boito qui réunit l'un des plus beaux plateaux que l'on puisse imaginer : Mirella Freni, Montserrat Caballé, Ghiaurov et Pavarotti, sous la baguette inspirée de Oliviero de Fabritiis (1968).

Les collectionneurs qui ne détestent pas se piéger entre eux doivent absolument s'offrir *Der Rosenkavalier* de Richard Strauss (1970) qui fut couronné par le prix de l'Académie Charles Cros, avec Yvonne Minton et Régine Crespin, sous la direction de Sir Georg Solti. Pavarotti, avec le sens de l'humour qui le caractérise, n'y tient qu'un petit rôle... celui du ténor italien, bien sûr ! Et c'est un plaisir de mettre à l'épreuve l'oreille des amis mélomanes en leur faisant tester l'enregistrement sans les avoir avertis.

Les inconditionnels de musique sacrée peuvent concilier leur passion et leur pavarottimania en complétant leur collection avec deux *Requiem* de Verdi. L'un dirigé par Sir Georg Solti (1968), l'autre par Riccardo Muti (1987, enregistrement « live » réalisé par EMI). Ils n'oublieront pas la remarquable *Petite Messe solennelle* de Rossini, avec Mirella Freni, Lucia Valentini-Terrani et Ruggero Raimondi, et, plus rare, le *Requiem* de Donizetti sous la direction de Renato Bruson (encore un « live »).

Restent bien entendu, l'*Idomeneo* de Mozart, enregistré en 1983, près de vingt ans après sa prise de rôle dans ce même opéra en juin 1964 au festival de Glyndebourne et qui marque le sensationnel début discographique de Luciano Pavarotti dans l'univers mozartien aux côtés d'Agnès Baltsa, Lucia Popp, Edita Gruberova, Leo Nucci ; une *Norma* qui réunit en 1984 Joan Sutherland, Montserrat Caballé, Samuel Ramey et Pavarotti que l'on retrouve, divin, dans le *Stabat Mater* de Rossini et au plus près de son Dieu, Caruso !...

Voilà dans les grandes lignes quelques-uns des incontournables enregistrements signés Pavarotti. Reste aussi néanmoins ce que l'on peut appeler les voies parallèles ! Une trajectoire riche en surprises. Il suffit pour s'en convaincre de parcourir les rayons où sont rangés ses enregistrements.

Qu'y trouve-t-on ? Des recueils, des morceaux choisis, de succulents patchworks d'enregistrements précédents, bref, la formule éprouvée du récital. Des disques qui annoncent la couleur ! « Pavarotti Passion », « Bravo Pavarotti », « The Best of Pavarotti » ou « Pavarotti Greatest Hits ». Autant dire d'énormes succès qui ont abouti à ces tubes que le grand public adore, les « Mamma », « Napoli » et « O Sole Mio », qui pulvérisent tous les records de vente réalisés par les chanteurs classiques. Aux États-Unis, « O Sole Mio » aurait même devancé Frank Sinatra en tête du box-office.

Mais alors peut-on encore parler de « classique » ? « C'est de la musique populaire, certes, mais de la très belle musique, une démarche nécessaire, un excellent intermédiaire pour élever le public au-dessus de la "variété" courante, et l'amener vers l'opéra. »

Après la télévision, les shows, les micros et les « sonos » qui ont capté la voix de Luciano pour la retransmettre au plus grand nombre, on pourrait se demander comment réagit le cénacle des puristes. A dire la vérité, Pavarotti n'en a cure. Sa popularité est à ce point incontestée, qu'il fait fi des critiques qui le préoccupaient tant à ses débuts. Et puis, ultime victoire remportée sur les grincheux, le Maestro n'a-t-il pas aujourd'hui des émules ? Il est devenu impossible d'établir la liste des stars du lyrique qui ont suivi son exemple. Preuve nous en est donnée par l'altière Jessye Norman qui n'a pas hésité à descendre de son Olympe pour interpréter des chansons de Broadway !

15

DOLLARS, SOLITUDE ET ANTIDOTES

« Pour un sourire, pour un clin d'œil, pour une perle de son collier de notes, pour une feuille de rose de son bouquet, elle aura des guinées, des roubles, des liasses de billets de banque, des palais de marbre, des équipages à faire envie aux rois... »

C'est ainsi que Théophile Gautier voyait les divas de cette époque romantique qui était la sienne. C'est ainsi qu'il en a toujours été de ces artistes lyriques au gosier d'or.

Il faut lire l'ouvrage de Roger Blanchard et Roland de Candé intitulé *Dieux et Divas de l'Opéra*, pour s'en faire une idée exacte, tant leurs caprices et les immenses fortunes qui en résultaient furent étourdissants.

Ainsi, le castrat Carlos Broschi, dit « Farinelli », qui gagne cinq mille livres par an, autant dire le budget total d'une troupe au grand complet. Au siècle des Lumières, il vit entouré d'objets d'art, au sein d'une cour qu'il entraîne d'un palais l'autre, tenant un rang princier au milieu des aristocrates qui l'adulent en public, et le conspuent en privé.

Plus tard, Adelina Patti fera de même. En 1888, sa recette, à Buenos Aires, s'élève à un million vingt mille cent cinquante-sept francs ! Un pactole, auquel viennent s'ajouter une somptueuse broche ornée de diamants et de perles, don du président de la République argentine, un bracelet et un collier offerts par la Société des Dames, une épingle en diamants, cadeau des spectateurs du Paradis et enfin, un album en or massif commandé pour elle par le Cercle Anglais de Montevideo.

La Patti voyage dans son train privé, décoré avec un luxe tapageur et aménagé pour répondre au confort de son mari, qui la suit partout, ainsi qu'à celui, plus modeste, il est vrai, de ses sept domestiques, dont elle ne saurait se séparer. Comment faire confiance aux femmes de chambre autochtones pour veiller à sa précieuse personne et surveiller le wagon entièrement réservé à ses chiens et à ses oiseaux ?

Incroyable ? Mais non ! Depuis, on a vu mieux. Dans le monde du show-biz, dans celui du cinéma ou du sport, ces excès sont pléthore. Et curieusement, la fortune des stars du tennis ou du football suscite plus d'admiration que d'agacement. Ce qui n'est pas toujours le cas des chanteurs d'opéra.

« Quoi ! Cent mille, deux cent mille, cinq cent mille francs pour une seule soirée ? » entend-on dans la bouche de celles et ceux qui se croient bien informés et qui ignorent que certaines prestations se négocient beaucoup plus haut encore.

« Il » ou « Elle » exagère, sous-entendent-elles, oubliant que la performance d'un chanteur ne se mesure ni aux points ni au chronomètre. Qu'elle est indescriptible, fugitive, subjective. Et qu'elle est liée à la seule loi du désir, de l'offre et de la demande.

« J'ai un cancer. Je vais mourir. Je voudrais l'entendre au moins une fois dans ma vie. »

Les théâtres lyriques reçoivent par dizaines des lettres pathétiques de ce genre, dont les auteurs supplient qu'on leur obtienne, quel qu'en soit le prix, ce moment privilégié de bonheur et d'oubli.

Dès que le passage du ténor ou de la diva est programmé, les places se revendent au marché noir à n'importe quel prix et trouvent preneur...

Mais au-delà de l'argent, au-delà du compte en

banque, ces sommes que certains jugent faramineuses ne rémunèrent pas seulement les apparitions sur scène des « stars » du lyrique. Elles compensent l'inévitable sacrifice de la vie privée. La solitude. Les contraintes quotidiennes, les attaques inévitables de la critique, les intrigues et la fragilité de carrières longues à se faire qui peuvent s'achever brutalement. Et surtout, elles compensent l'angoisse permanente que vivent les « divas » face à leurs tyranniques plannings. Ces agendas sur lesquels leur imprésario a inscrit dans un mois, *Tosca* au Met, dans un an *Un Ballo in maschera* à Tokyo, dans six ans récital à Londres. Moralement et physiquement, il faut tenir jusque-là. Mais comment savoir à l'avance si la voix, elle, tiendra jusqu'à ces dates fatidiques ?

Reste pour y parvenir à gérer son corps, son souffle, son équilibre nerveux. Apprendre à résister à la permanente tentation de profiter de sa bonne forme pour se risquer dans un répertoire qui présente des risques pour la voix et qui compromettrait les contrats à long terme... On n'en sort pas ! Au risque de spolier plus encore sa famille, son intimité, ses rares amis. Qu'on se souvienne des lamentations de la Callas, à la fin de sa carrière, qui réclamait à cor et à cri son droit à la vie privée. Et qui déclarait en 1960 à la journaliste Marlyse Schaeffer : « On m'a surnommée la tigresse. Évidemment je ris, je porte haut la tête... Mais on m'a ôté jusqu'à la joie de chanter, on m'attend au contre-ut, on ne me pardonne pas un rhume, une note enrouée, je n'ai plus envie de chanter. Je veux vivre, vivre comme n'importe quelle femme... avoir un enfant, j'ai trente-six ans et personne dans ma vie... »

A ceux qui, après ce tableau des affres réservées aux « divas », s'obstineraient à crier encore au scandale devant leurs monstrueuses exigences, rappelons quelques vérités énoncées dans le livre de Michel Sarrazin, *Opéra de Paris, les Mystères de la cathédrale de l'éphémère* :

« En 1870, la basse Jean-Baptiste Faure recevait six mille francs par représentation quand le salaire annuel d'un tailleur de première classe à l'opéra était de mille trois cents francs. Ramené dans les mêmes proportions à la période actuelle, cela mettrait Luciano Pavarotti à... trois cent quatre-vingt quinze mille francs environ. »

Trois ou quatre fois plus que son salaire pour chanter un opéra. On comprend dès lors qu'il ait multiplié les récitals. On comprend aussi combien ces récitals, en l'envoyant aux quatre coins du monde, le propulsent dans la plus étroite et la plus impitoyable solitude.

« Lorsque je suis en tournée, à l'autre bout de la planète, j'évite de sortir de mon portefeuille les photos d'Adua ou celles de mes filles. Je crains de céder à la tentation et de sauter dans le premier avion pour l'Italie. »

Alors, à défaut de pouvoir retrouver les femmes de sa vie et pour meubler un peu ces heures interminables passées dans les hôtels ou dans les aéroports, Luciano se rue sur son téléphone où résonnent les voix chéries, souvent ensommeillées, qui à l'autre bout du fil et malgré le décalage horaire annoncent des nouvelles banales mais rassurantes et ramènent le demi-dieu en exil au niveau de monsieur tout-le-monde.

Luciano Pavarotti, pour l'instant, se fait une raison : « Le téléphone reste la plus belle invention du siècle. Et mes notes de téléphone dépassent toujours mes notes d'hôtel. »

Un point commun aux artistes qui le plus souvent, à l'heure des confidences, lorsque les micros sont débranchés, vous parlent de solitude, de l'absence de l'autre, du luxe glacial des somptueuses nuits des palaces où ils se retrouvent en tête à tête avec... eux-mêmes !

Le couple Sutherland-Bonynge qui fit équipe tout au long d'un parcours commun, ou celui des Freni Ghiaurov qui réalisa le même beau doublé, restent des exceptions qui confirment la règle : devenir un grand chanteur lyrique, c'est accepter de tout sacrifier à sa carrière.

Et si l'on trouve dans cet austère bilan, quelques duos star-imprésario probants, Teresa Berganza, Barbara Hendricks, Montserrat Caballé y ont trouvé leur bonheur, cette association demande au conjoint le moins en vue un très solide équilibre psychique pour préserver celui du couple. Pour les autres, à défaut de ne pouvoir jouir de la présence de ses proches, on se console avec les quelques favoris choisis parmi les innombrables relations. La réussite et le succès vous préservent des mélancoliques soirées solitaires telles que Luciano Pavarotti les connut à Londres, lorsqu'il révisait les bases de son anglais tout seul, devant un écran de télévision dans la chambre très modeste d'un petit hôtel.

« Il a besoin d'avoir toujours plein d'amis autour de lui », soupire parfois Adua, son épouse, qui n'est pourtant pas femme à se laisser déborder.

Tandis que Luciano commente avec son légendaire bon sens d'homme du peuple : « Je sais bien qu'un jour, si je dois perdre ma voix, beaucoup d'entre eux n'auront plus le temps de papoter au téléphone ou de traverser les États-Unis pour dîner avec moi. J'apprécie, mais je ne me fais aucune illusion. »

Reste les fans, cette foule anonyme et cannibale ! Et il a beau dire : « J'adore être reconnu dans la rue. J'adore le contact des gens. J'adore donner des autographes... », il arrive que ses admirateurs soient franchement mal venus, incapables, dans leur enthousiasme, de peser les risques qu'ils font courir à leur idole.

Il est terriblement dangereux pour un chanteur de se trouver coincé, même par des corbeilles de fleurs, dans une entrée de théâtre balayée par un courant d'air glacé. Ou kidnappé par des journalistes dans les rares moments de détente. Mais comment leur résister ? Pour quelqu'un qui aime tellement plaire, il est déchirant de dire non au risque de passer pour un être indifférent, égoïste, odieux...

Luciano soupire : « C'est vrai, ça m'est arrivé. J'en suis fâché, et je me le reproche... mais après coup... »

Et comment faire autrement lorsque votre image

fait partie de la vie quotidienne de millions d'admirateurs anonymes, ceux qui de surcroît vous font vivre ? Comment parvenir au juste équilibre entre le « trop » et le « trop peu » avec, pour seul balancier, une présence tantôt indulgente tantôt draconienne, pour vous protéger de vous-même, des papillons noirs de l'angoisse, ou des agressions admiratives les mieux intentionnées ?

Cette présence, on l'a dit, Luciano a eu l'immense privilège de l'avoir trouvée dès ses débuts. Elle s'appelle Adua. Sa femme. Mais où en est-elle, dans ces années de gloire ?

***

« Il m'est arrivé, quelquefois, de regretter de n'avoir pas épousé un employé de banque. »

Adua Pavarotti a fini par apprendre sans jamais faillir le dur métier d'épouse de ténor, comme elle a appris à développer, sans rire mais non sans humour, cette remarque saugrenue lorsqu'elle évoque les années difficiles où elle attendait son mari à Modène, et celles, non moins difficiles, où pour l'accompagner, elle devait « abandonner » ses trois filles chéries.

Mais elle ajoute très vite, radieuse :

« Je vais être franche : ces regrets ne duraient jamais très longtemps. »

Adua Pavarotti n'est pas une femme à s'égarer dans des rêveries stériles ! Depuis toujours elle a su faire preuve d'un tempérament bien trempé et d'une solide endurance face à l'adversité.

Lorsqu'elle rencontra Luciano, elle sortait à peine de l'enfance. Elle venait de perdre sa mère et d'apprendre par la force des choses à résoudre toutes sortes de problèmes qui n'effleurent d'ordinaire jamais les adolescentes.

Elle avait déjà ce front bombé, ce nez droit, et ce regard intelligent et attentif qui frappe ceux qui la rencontrent, bref c'était un beau brin de fille que se choisissait Luciano. Même s'ils ne gardent pas tous les deux le même souvenir de ce premier regard.

Après celui d'Adua qu'elle évoque dans son livre et que nous avons relaté précédemment, laissons la parole à son mari.

« Elle était avec des amis et elle essayait de chanter je ne sais quoi de *Rigoletto*. Je me suis dit : cette fille-là a besoin d'un coup de main. »

Propos qu'elle confirme lorsqu'elle explique la rapide disparition de ses propres velléités bel-cantistes : « C'est vrai, la seule chose qui m'intéressait, à l'époque, dans un opéra, c'était le livret. Depuis, je suis devenue beaucoup plus exigeante ! »

Aujourd'hui, elle supervise la carrière de son mari, avec la même attention et la même fidélité que celles qu'elle a manifestées lors des débuts chaotiques de son fiancé. Bravant l'incrédulité des gens de Modène et les réticences de sa famille : « Ce garçon ferait bien de s'établir, s'il veut fonder un foyer... » Tenant bon sans douter un seul instant de l'avenir de Luciano, ni même de son incomparable talent.

Ce fut donc sans la moindre grimace qu'après leur mariage, célébré dans l'euphorie du succès de la première *Bohème*, et après les deux semaines idylliques de leur lune de miel passée à Florence et sur la Riviera italienne, leur bonheur rythmé par les cahots de la route et les à-coups des suspensions de la vieille Fiat de Luciano, elle se remit derrière les fourneaux et devant les pupitres de l'école pour faire bouillir la marmite. Une fonction à laquelle elle s'employa sans désemparer aussi longtemps que ce fut nécessaire, les salaires de son jeune ténor débutant ne suffisant pas à leur sécurité.

Puis vinrent les petites filles : Lorenza, née en 1962, Cristina en 1964 et Giuliana en 1967.

« Trois, c'était exactement le nombre d'enfants qui me convenait. J'ai décidé d'arrêter là, jugeant tout à fait honorable ma contribution à la relève démographique italienne. J'ai voulu aussi me consacrer à Luciano... »

Entre-temps, le ciel s'était éclairci. Et bientôt,

Adua, qui avait renoncé à son métier d'institutrice, pouvait (la mort dans l'âme) confier ses filles à sa sœur très chère, Giovanna, pour suivre son grand homme de par le monde.

Elle le sait. Elle l'a décidé : qui — mieux qu'elle — pourrait veiller sur ses bagages ? Sur son planning ? Sur sa santé ?

« C'est un point qui l'obsède. Et pas seulement la sienne. Il surveille celle de tous ceux qui l'entourent. Il est capable de prendre votre tension et de vous ordonner un traitement adéquat à n'importe quel moment ! »

Adua Pavarotti se doit aussi de veiller au régime fluctuant de Luciano. Dure discipline pour une native de l'opulente Émilie que de rationner la *pasta* et compter interminablement les calories de tout ce que le Maestro ingère. Mais elle s'y est mise, compulsant précis de diététique et nouvelles recettes minceur... comme elle s'est attelée vaillamment au courrier — de plus en plus volumineux — que reçoit Luciano.

« Il exige que l'on réponde à chacune de ses lettres », soupire Adua, qui avoue que la tâche étant devenue démesurée (« je n'aurais pas assez de mes jours et de mes nuits pour endiguer ces raz de marée quotidiens de correspondance »), elle a fini par la confier à d'autres.

Aujourd'hui, elle est devenue le super-agent du super-ténor. A la scène comme à la ville. Tous le savent : il faut compter avec elle ! Adua discute les contrats, mène les affaires, gère la fortune pavarottienne, et dirige un « staff » de plusieurs personnes.

« L'école a fait de moi une institutrice, et mon mari une business-woman », reconnaît-elle, non sans fierté.

Qu'il s'agisse de vignobles ou d'immeubles, de l'aménagement du domaine de Modène, de la villa de Pesaro ou de l'appartement de New York, son solide sens pratique de mamma à l'italienne fait merveille.

Poigne de fer et nerfs d'acier, rien ne l'entame. Elle

fait face à tout, et même à certaines créatures ondulantes qui croisent aux alentours de son époux...

C'est un phénomène bien connu, les femmes ne résistent ni au talent, ni à la notoriété, ni au charme de ceux qui veulent encore bien se donner la peine d'être aimables... et dans ce domaine, avec son sourire éclatant, Luciano Pavarotti sait se rendre irrésistible !

Comment lui en vouloir ? Élevé au milieu de femmes en état permanent d'adoration, quoi de plus naturel pour lui que de continuer, adulte, son jeu de petit garçon ? Comment ne pas lui pardonner son œil de velours dès qu'apparaît un jupon ? Comment lui en vouloir de nous aimer, toutes, sans discrimination ?

« Qu'elles soient jeunes ou vieilles, belles ou laides, c'est exactement la même chose, il fond sur place », précise Adua, magnanime, en paraphrasant avec philosophie « l'air du catalogue » du *Don Giovanni* de Mozart.

Un manège qui la laisse de marbre. Il y a bien longtemps qu'elle a choisi, entre d'épuisantes et stériles scènes de jalousie, et cet humour souriant qu'elle pratique avec art. Il suffit pour s'en persuader de l'écouter raconter l'histoire de cette charmante jeune femme accompagnée de son mari, qui s'inquiétait, la voix tout essoufflée par l'émotion à la fin d'un spectacle, dans la loge du « tenorissimo » : « Vous ne vous souvenez peut-être pas de moi ? », ce qui lui valut cette réplique imparable et imprévisible : « Mais comment cela, ma chère ? Après tout le temps que nous avons passé au lit ? » La dame défaillit. Le mari comprit. Tout le monde rit. Adua la première.

16

UN UNIVERS IMPITOYABLE

Cela dit, l'effet Pavarotti n'agit pas sur tout le monde. Notamment dans le milieu de l'opéra, où les intrigues vont bon train et n'ont rien à envier aux perfidies des Atrides.

Quelques anecdotes assez typiques illustrent parfaitement les relations qu'entretiennent à l'occasion ces deux « monstres » de l'art lyrique que sont le ténor et la soprano. Condamnés par les livrets à s'enlacer sur scène en de torrides étreintes, ils se rattrapent sitôt le tomber de rideau et règlent leurs comptes en coulisses !

On se souvient des débuts de Luciano, lorsqu'il dut chanter *la Bohème* et donner la réplique à une cantatrice en fin de carrière. Le public l'avait beaucoup plus applaudi dans « Che gelida manina » qu'il n'avait soutenu Mimi !

« Comme beaucoup de sopranos, celle-ci, après les années passées sur scène, avait un applaudimètre dans l'oreille et un livre de comptes à la place du cœur, se rappelle-t-il. Elle m'en garda une solide inimitié. Au point que des années plus tard, lors d'un autre spectacle, à Modène, où elle avait été encore moins applaudie, pour ne pas dire sifflée, elle m'envoya son mari en estafette et m'accusa publiquement d'avoir organisé les huées. C'était complètement fou. »

Mais si, à l'époque, l'incident lui avait semblé hallucinant, voire relevant de la médecine psychiatrique, les années passant, aujourd'hui Luciano prend les choses un peu différemment.

« J'ai appris depuis qu'on ne peut strictement rien faire contre une soprano qui vous a dans le nez. Sinon laisser passer l'orage. Elles ont parfois des idées, hum... » Il se racle la gorge, cherche l'euphémisme qui convient le mieux à la situation... « ... des idées bien à elles », conclut-il, philosophe, narquois et... galant puisqu'il a toujours préféré, malgré l'insistance des journalistes qui ont eu vent de l'incident, ne pas nommer la dame !

Même comportement chez Renata Scotto, qui gardera secret le nom du ténor auquel, pourtant, elle consacre un chapitre entier dans ses mémoires, le clouant au pilori avec toute la force des colères passées, et l'accusant d'avoir toujours, et lamentablement, manqué du plus élémentaire professionnalisme. Imitons donc sa discrétion en rappelant tout de même le « gente di merda » anonyme mais... tonique, dont elle le gratifia à l'occasion d'une *Gioconda* retransmise en direct depuis l'Opéra de San Francisco et assortie de ses commentaires tout aussi... directs !

Et que dire d'une *Fedora* historique donnée au Metropolitan Opera, au cours de laquelle Beniamino Gigli envoya au tapis Maria Jeritza, sa partenaire exécrée, qui réussit miraculeusement, au prix d'une prouesse quasi olympique, à stopper sa chute juste au bord de la fosse d'orchestre. Là, tremblante de haine, elle préféra, plutôt que d'accepter la main que lui tendait l'être honni, chanter son aria... à plat ventre, au grand ahurissement d'un public quelque peu goguenard. Le soir même, la diva envoyait son mari provoquer son partenaire en duel...

On conte aussi très volontiers ce fantastique et très surprenant « finale » de *la Bohème*, qui fit date à Covent Garden ! Pendant toute la représentation, Nellie Melba (Mimi à la scène), avait couvert d'insultes son Rodolfo, alias Tom Burke, dit encore « le Caruso du Lancashire », le traitant sans relâche d'« Irish bastard ». Tom Burke imperturbable attendit patiemment son heure, qu'il fit judicieusement coïncider avec celle — la dernière — de sa partenaire. A cet instant précis, alors que Nellie Melba entre en agonie comme l'exige le livret, il se mit à chanter à pleine voix, en lieu et place des paroles attendues : « And now, die, you australian cow » (« Et maintenant, crève, vache australienne ! »)

Un souhait qu'auraient pu reprendre à leur compte un certain nombre des partenaires de cette même diva si l'on en juge d'après cette autre anecdote qui se transmet en coulisses, de bouche à oreille et qui met à nouveau en scène, dans ce même dernier acte de *la Bohème*, une Mimi qui doit en principe tirer des larmes au public. Cette fois-ci, c'était dans les bras d'Enrico Caruso qu'elle s'éteignait en chantant « O come è bello e morbido ! », tendant des mains prétendument glacées à l'approche de la mort, vers le manchon offert par Rodolfo. L'instant fut alors doublement fatal à la pauvre Melba qui saisit entre ses doigts ce que cachaient aux yeux du public le douillet manchon et le perfide Caruso, une brûlante... saucisse !

Voilà pour la partie visible de l'iceberg à laquelle sont confrontées nos divas et à laquelle il convient d'ajouter l'orchestre, cette autre « microsociété », tantôt coopérative, tantôt rebelle jusqu'à la plus parfaite inertie. Irrité par les innombrables et imprévisibles grèves surprises des diverses formations, le mélomane ignore la plupart du temps dans sa légitime déception l'exaspération des musiciens professionnels qui connaissent par cœur, du meilleur d'entre eux au moins bon, un répertoire qu'il leur faut parfois exécuter dans des conditions... farfelues ! Manque de répétitions, distributions hasardeuses, chefs incertains, metteurs en scène de « génie » qui transposent les œuvres dans un univers parfois surprenant, ce qui conduit la malheureuse Mimi à mourir aujourd'hui d'overdose là où naguère la tuberculose l'emportait ! Quel recours leur reste-t-il à ces musiciens, qui après de longues et difficiles années de conservatoire exercent dans l'anonymat l'un des rares métiers où l'on est jugé chaque jour ?

Il n'est pas un seul chanteur qui ne mesure à sa juste valeur l'importance de ce partenaire de l'ombre qu'est l'orchestre. De lui et de la manière dont il est conduit dépend son succès. Un « forte » trop appuyé et la voix est couverte. Un tempo trop rapide ou trop lent et le souffle manque... Autant d'incertitudes qui demandent aux interprètes une énergie et des nerfs d'acier.

Des qualités innées que possède Luciano qui sans cela n'aurait jamais atteint les sommets où il s'est installé. A l'école, déjà, il émerveillait ses maîtres par sa concentration, même s'il invoque aujourd'hui sa grande paresse pour l'expliquer : « Je n'étais pas le premier de la classe, loin de là, mais bien me concentrer en cours m'évitait de réviser à la maison. » De même, lors de ses années d'études auprès de ses maîtres, Arrigo Pola et Ettore Campogalliani, qui tous deux lui reconnaîtront cette faculté d'intense attention aux plus arides exercices : « C'est un don, c'est une chance. »

Entre les contraintes de l'opéra et de la vie publique d'un côté, la nécessité de préserver sa vie privée de l'autre, Pavarotti, grâce à ce pouvoir, a appris, au fur et à mesure que croissait son succès, à ne plus se laisser déborder. Lui qui avait toujours un peu tendance à prolonger l'émotion du spectacle par de chaleureux contacts avec la foule (comme par exemple lors de ses signatures d'autographe), il sait aujourd'hui parfaitement gérer ses obligations de « star » sans l'intervention lourde et oppressante d'un garde du corps ou d'un secrétaire surgissant à point nommé, telle la statue du commandeur, pour mettre fin aux rêves des fans.

Lorsqu'il promet une interview de dix minutes à un journaliste, il est tout à son questionneur pendant neuf minutes et quarante-cinq secondes. A la quarante-sixième, il a bouclé ses réponses, et se lance dans des adieux circonstanciés, chaleureux mais incontournables. Sur un dernier sourire, qui peut, parfois, masquer un léger bâillement, un grand soupir, et un « ciao » qui ruisselle de tout le soleil de l'Italie, journalistes et fans se retrouvent brusquement sur le trottoir, sidérés : « Mais comment a-t-il fait, il n'a même pas regardé sa montre ? »

Luciano exerce cette prodigieuse capacité d'attention extrême chaque fois qu'il le juge utile. Mettez-lui une voiture entre les mains, et rien ne lui échappe du moindre bruit mécanique au plus petit avatar de la circulation. C'est ainsi qu'il parvient en scène ou sur la route à des performances qui donnent aux spectateurs comme à ses passagers une impression de maîtrise totale et de détente.

Le chauffeur du taxi qu'il prit un jour à Paris pour le mener à Vienne (la France était alors paralysée par les grèves) n'eut pas à regretter de lui avoir confié son volant : « Nous avons fait la route à 160 kilomètres heure. En toute sécurité... » Pas mal pour quelqu'un qui avoue royalement : « Je n'ai jamais passé mon permis de conduire... »

Cette faculté de s'abstraire, d'échapper à l'anecdotique ou à l'accidentel, est un gage de survie dans la profession à haut risque qu'il a choisie. Elle reste aussi l'apanage des meilleurs.

Souvenez-vous de Patrick Dupont dansant sans la moindre grimace ni défaillance, alors qu'il s'était brisé un orteil sur la scène. De Galina Vichnevskaïa reprenant le grand air de *Tosca* « Vissi d'arte » d'une voix ferme et parfaitement pure, alors que sa perruque venait de flamber au contact d'une chandelle... De Luciano Pavarotti, poursuivant son aria après avoir brisé un tabouret sous son lyrique séant dans *Tosca* et réussissant à imposer en quelques secondes le respect et le silence au public du Palais-Garnier secoué d'un formidable fou rire. C'est encore lui qui continua de chanter, après avoir fracassé une bouteille dans *l'Elisir d'amore* à la Scala : « C'est seulement en revenant dans ma loge, après le tomber du rideau, que j'ai pris conscience que je m'étais profondément coupé et que ma main saignait. »

Autant de décharges d'adrénaline qui justifient les indispensables compensations que chacun d'eux s'invente pour tenir le coup.

Luciano, lui, privilégie de plus en plus ses moments d'intimité. Après s'être totalement imprégné, tête renversée et bras ouverts, des vagues déferlantes d'applaudissements, à peine le spectacle terminé, il se rue dans sa chambre d'hôtel pour touiller à grandes brassées des himalayas de spaghetti qu'il mitonne lui-même et qu'il partage avec quelques heureux élus. Huile d'olive, hachis d'ail et persillade à la délectable saveur, plus séduisante et moins prosaïque que l'indispensable gri-gri apte à conjurer le sort, le clou porte-bonheur sans lequel la représentation ne saurait commencer. Mais attention, pas n'importe quel clou ! Non, il lui faut un clou ni droit, ni plié, ni simplement courbé. Il lui faut un clou tordu. Ou plutôt cornu pour évoquer plus ou moins le geste de la « gettatura » qui depuis la nuit des temps, en Émilie, protège du mauvais œil. Serait-il un rien original ? Pas du tout ! La superstition reste un comportement fort prisé dans les milieux artistiques dotés d'une multitude d'interdits dont certains remontent fort loin : ainsi le mot « corde », qui est parfaitement exclu du vocabulaire de la scène. Malheur à qui le prononcerait !

Probablement parce que les premiers « machinos » délégués aux manœuvres délicates et souvent dangereuses des décors étaient, à l'origine, recrutés chez d'anciens matelots experts dans le maniement rapide et précis des gréements. Or, il n'y a pas de « corde » sur un bateau ! Il y a des « bouts », des « drisses », des « écoutes », mais pas de corde, un mot tabou qui évoque celle, sinistre, qui servait aux pendaisons. Inutile donc de provoquer l'âme du mutin exécuté au risque de le voir revenir hanter le navire... Déconseillés aussi les vêtements verts ou les gerbes d'œillets, les femmes vêtues de violet, un ton qui dérange Pavarotti, sans d'ailleurs qu'il puisse vous expliquer pourquoi. Contentez-vous donc de l'un de ces clous tordus qui fleurissent sur les plateaux qu'il fréquente comme les pâquerettes au printemps. Il en tombe par dizaines lors des changements de décor sans pour autant l'éloigner de son rituel propitiatoire, un cérémonial qui rassure aussi un entourage parfaitement complice.

« Oui ! Tout le monde est au courant. Et des clous, j'en reçois même dans mon courrier, envoyés par des admirateurs attentionnés. J'en ai même reçu un très gros, tordu à souhait... et en or massif ! »

Un remède miracle, impuissant hélas à conjurer cette autre phobie viscérale, pire que le trac... la peur de l'avion...

« Je m'y suis résigné parce qu'il m'est impossible de faire autrement. Mais je continue de rêver aux grands trajets en train ou en transatlantique qu'entreprenaient les chanteurs du siècle dernier. Aujourd'hui, je n'ai pas le choix. L'avion est un outil de travail indispensable... et pour moi, une réelle souffrance. » Alors, pour lutter contre la panique irraisonnée qui le submerge dès le premier vrombissement du moteur, il boucle sa ceinture, dévore, dort... « Et parfois, je prie. »

C'est ce qu'il fit ce jour-là, dans l'avion qui le ramenait à Milan. Il priait. Mais pour une fois, il ne s'adressait pas à Dieu pour que ses saints le prennent sous leur haute protection ! Il priait parce que, depuis presque un an maintenant, il avait l'impression d'être la victime d'une hémorragie lente et inéluctable qui le privait, jour après jour, de son bel appétit de vie. Plus rien ne l'intéressait, ni ne l'amusait, ni ne l'enchantait. Adua, ses filles, sa carrière, il avait beau chercher au plus profond de chaque compartiment de sa vie, il n'y trouvait plus les plaisirs du cœur, souvent si simples — les promenades dans la campagne, l'odeur de « sa » ferme, les baignades avec ses trois princesses à Pesaro, les grandes tablées avec les amis, les ovations de la foule après ses opéras —, qui lui donnaient auparavant toute sa force et sa volonté d'avancer.

« J'étais malade. Gravement atteint de mélancolie. Un dégoût de tout. En un mot : une dépression. »

Il avait les yeux clos. Il était las. L'hôtesse avait

demandé quelques minutes plus tôt que l'on éteigne les cigarettes, que l'on regagne les sièges et que l'on attache les ceintures. Dans quelques instants, l'avion allait atterrir. Il avait amorcé sa descente sans que l'on aperçoive pour autant le sol. Une épaisse purée de pois s'accrochait à la carlingue. Le brouillard se condensait sur les hublots.

Une secousse, deux... et brusquement ce fut la panique : sans aucune raison apparente, les passagers furent propulsés sur le côté, dans un hurlement général qui couvrait à peine celui des freins.

« Le temps était totalement bouché. L'avion avait dévié hors de la piste et s'était cassé en deux. Il n'y eut pas de mort. Quelques blessés légers. Pas d'incendie. Autant dire, un vrai miracle. Et pour moi, un double miracle, parce que cet accident m'a guéri de cette gluante dépression. C'était la deuxième fois que je voyais la mort en face. La première avait été cette mystérieuse maladie, dans mon enfance. J'en étais sorti avec la conviction que la vie était le bien le plus précieux, et que j'avais l'intention d'en profiter. Je n'y avais pas manqué. Et cette deuxième fois, en quittant l'aéroport, je me suis dit, en me rappelant les questions idiotes que je ne cessais de me poser depuis un an : "*Dio mio*, quelle folie !" »

Ce « *Dio mio*, quelle folie », Luciano ne va plus cesser de se le répéter en roulant vers Modène. Au volant de sa voiture qui avale la distance qui le sépare encore d'Adua, de ses filles, de ses parents, de sa maison, de tout ce qu'il aime et qu'il construit, il renaît de seconde en seconde. Et lorsque, enfin, il arrive chez lui, où les siens l'attendent pour fêter Noël, il a le sentiment d'être définitivement guéri.

Depuis, Luciano, au risque de passer pour pingre, voyage non plus en classe affaires, ni même en classe club, mais en classe touriste. Pas par souci d'économie, comme le suggèrent certains esprits chagrins, mais simplement pour pouvoir s'installer dans un fauteuil situé au niveau des ailes : « C'est là que l'avion est le plus solide », explique-t-il, bien décidé à ne pas laisser au hasard le soin de lui ôter la vie.

17

UN RÊVE DE NATURE AU GRAND GALOP

Aujourd'hui, cette renaissance a remis les choses à leur place. Il peut désormais se laisser aller à sa véritable nature italienne, émilienne, retrouver son naturel de provincial, et pour tout dire d'homme du peuple.

Un seul exemple. La scène se passe à l'Opéra de Paris après une représentation triomphale, comme il se doit. Le maître est dans sa loge. On lui annonce une princesse dont l'appartenance au Gotha ne fait aucun doute. Elle est fort belle, et de surcroît armée d'un stylo pour jouer à la journaliste au profit d'un magazine élégantissime.

« Rendez-vous dans un quart d'heure, en bas », dit-il avec une souriante désinvolture.

Une grande demi-heure plus tard, c'est dans la loge du gardien qu'il la reçoit. Pour trois minutes et quatre photos exactement. Certes avec gentillesse. Mais visiblement décidé à couper court. Désormais Luciano Pavarotti a choisi. Ce qu'il aime avant tout c'est une certaine simplicité, loin de toute sophistication, simplicité que l'on retrouve, sans équivoque, dans le choix de ses diverses résidences. L'appartement de New York ressemble plus à celui d'un riche bourgeois qui aime son confort qu'à celui d'un esthète qui afficherait un luxe ostensiblement « branché », signé d'un grand décorateur.

Sa villa sur l'Adriatique est, en grand (vraiment très grand), le cabanon rêvé au temps de sa jeunesse, quand il partait en scooter avec sa fiancée, pour aller nager. Il l'a voulue à Pesaro, non pour des raisons musicales et historiques (Pesaro est la ville natale de Rossini), mais parce que toute la société « arrivée » de sa Modène natale y avait un pied-à-terre. Signe traditionnel de réussite. Destination obligée de tous les étés.

Là, il a agrémenté l'ancienne ferme, perchée en vigie au-dessus de la mer, de terrasses aux plates-bandes fleuries, d'une vaste piscine et d'une fontaine de pierre blanche où boivent les chevaux.

Il y tient table ouverte et y cultive le « farniente » en dépit des célébrités et des professionnels du monde de l'opéra qui s'y mêlent ou s'y succèdent avec pour seule obligation d'abandonner, passé le seuil, tout projet de travail trop sérieux.

Ici, le maître s'intéresse surtout à la température de l'eau, à l'ordonnancement des repas et aux siestes voluptueuses dans de vastes hamacs.

« C'est aussi pour moi le moment de retrouver mes filles, dit-il le regard voilé de tendresse et de fierté, ces trois jolies personnes auxquelles il a offert un bateau à seule fin de remorquer leurs gracieuses évolutions en ski nautique.

« J'adore ma famille », répète-t-il à qui veut l'entendre. Ajoutant avec une petite pointe de nostalgie dans le ton : « Hélas, je la vois si rarement... »

***

Une famille à l'italienne, même peu nombreuse côté « bambini » comme l'était celle du boulanger Fernando Pavarotti, ça fait tout de même beaucoup de monde : parents, grands-parents, arrière-grands-parents, oncles et tantes, cousins et cousines, brus et gendres, sans compter les voisins et voisines dont on ne sait plus très bien s'ils font, ou ne font pas, partie de la tribu.

Enfant, Luciano n'a pas été élevé dans une austère solitude. Devenu adulte, il ne saurait vivre sans cette multitude qui le cerne de toutes parts. Sa réussite va lui permettre de s'épanouir dans un personnage de « pater familias » qui ne sera jamais un rôle de composition. Et bien entendu, attaché comme il l'est à sa terre natale, son royaume ne peut se situer qu'à Modène, très exactement à Saliceta San Giuliano. « Assez loin pour que la ville ne nous envahisse pas. » Il y a donc acheté des hectares de belle terre, que domine une maison du XVIIIe siècle aux murs crépis d'un ocre lumineux. Une maison à mi-chemin entre la bastide et le château, disons une maison de maître, tant le mot sied aussi bien à la vaste bâtisse qu'à son propriétaire !

Dans ses quelque trente-cinq pièces, et dans les multiples dépendances alentour, vivent quatre familles : celle du « ténorissimo » naturellement, celle de Giovanna, la sœur de sa femme, qui a plus ou moins élevé Lorenza, Cristina et Giuliana, en même temps que sa propre progéniture, lorsque Luciano et Adua parcouraient le monde de capitale en capitale. Il y a aussi la famille de Gabriella, la petite sœur très chérie de Luciano. Et toujours dynamique et chaleureux, le couple fondamental, que forment ses parents établis dans une maison sise à portée... de voix, où ils vieillissent avec dignité, couverts des lauriers cueillis par leur illustre rejeton.

C'est là que Luciano a enraciné ses rêves. Et lorsqu'il regarde devant lui les vastes étendues de campagne dont on devine l'horizon par les fenêtres grandes ouvertes, c'est sa propre image qu'il voit surgir, mais celle d'un Pavarotti différent...

« Je sais qu'au fil des années je vivrai ici de plus en plus longtemps. Je finirai bien par réaliser mon ambition d'enfance : devenir un vrai fermier. » Il a donc tout prévu pour cela en ce vaste territoire. Il y pousse du blé, on y fait un Lambrusco très acceptable, qu'il vous fait goûter avec fierté, et que ses vignes produisent en quantité plus que raisonnable. Les œufs sont toujours garantis « du jour », et il reste assez de place pour faire un peu d'élevage : « Nous pourrions presque vivre en autarcie ! Le rêve de beaucoup d'entre nous, me direz-vous ! Oui, mais ici tout est vrai. » Issu de la terre, Luciano n'a pas oublié, malgré les honneurs et la gloire, que c'est à la terre qu'il doit son bel équilibre, et à la campagne qu'il vivra un bonheur complet.

Et ce n'est pas parce qu'il est devenu le plus grand ténor du monde qu'il doit renoncer à ses rêves d'adolescent. D'ailleurs, que pourrait-on lui proposer de mieux ?

Acheter une île déserte aux Bahamas ? S'installer dans un manoir baroque au bord d'un lac bavarois ? Très peu pour lui ! Il sait ce qu'il aime. Il sait ce qu'il veut. Depuis toujours : de l'air, de la terre, les siens et le soleil de l'Italie, les couleurs de l'Italie, la joie de vivre et la volupté à l'italienne. Alors, pour échapper à un univers en trompe l'œil, se laver l'esprit des problèmes inhérents à son art, pour fuir les mondanités de toutes sortes et oublier la quotidienne sujétion à la recherche d'une certaine perfection, Luciano Pavarotti, naturellement, est revenu à sa conception enfantine du paradis : un univers rustique et authentique où gravitent ceux qu'il aime.

Consciemment ou non, en s'aménageant un avenir de paysan, c'est à un passé tout proche qu'il tend la main : il n'y a pas si longtemps que l'un de ses aïeux, assis sur un talus, sous le dru soleil de l'Émilie, rêvait de cette belle terre qu'il ne posséderait jamais. L'œil effleurant la cime mouvante des blés, l'oreille toute pleine d'une chanson, les doigts entremêlant de longues tiges souples... lui savait que, dans le patois de Modène, *pavarotti* signifie « tresseur de joncs »...

Luciano a donc construit sa ferme modèle en joignant à tous les avantages qu'il doit à sa formidable réussite le luxe de pouvoir y pratiquer cette autre passion après la famille et le chant que sont pour lui les chevaux !

Dans son enfance d'abord, ce furent des animaux

très rustiques sur lesquels on le perchait lorsqu'il allait aux champs pendant la guerre avec les fils du fermier qui abritait sa famille, puis, dès qu'il en a eu le temps (et les moyens), Luciano s'est initié en Grande-Bretagne à l'équitation !

Et ce qui n'était qu'un passe-temps, s'est petit à petit transformé en habitude au pays des cow-boys. Et il a a-do-ré. Au point d'acquérir, avec l'aisance et la fortune, une immense propriété qu'il a dotée d'écuries modèles pour accueillir des pur-sang choisis avec autant d'amour que de compétence.

Combien de chevaux possède-t-il ? « Beaucoup trop », répondit-il à l'indiscrète question.

Cette passion, il nous avait autorisés à la filmer le 15 février 1984.

J'étais partie la veille de Roissy à destination de Rome et à la rencontre du Maestro. Ce matin-là, il avait neigé sur la ville et sur les environs, ce qui n'avait découragé ni les photographes soufflant dans leurs doigts, ni l'équipe française de télévision : « Musica nel cuore », disaient les douaniers qui nous regardaient attendris piétiner en vêtements légers sur le sol de l'aéroport. Gelés mais radieux ! Nous attendions le petit jet privé qui ramenait le Maestro sur le sol italien. Fendant la multitude de ses fans, signant photos, affiches et... tickets d'embarquement pour les imprévoyants, il était arrivé jusqu'à notre petit groupe pour nous expliquer un mystérieux itinéraire qui devait nous conduire à ses chevaux. Deux bonnes heures plus tard, après maintes haltes pour demander notre route, nous arrivions face à de magnifiques écuries sur les murs desquelles se découpait la silhouette du Maestro.

Disparues nos craintes, envolé notre trac, l'homme de cheval hautement qualifié que nous avions devant nous débordait de fierté et de bonheur. Fierté de nous présenter ses animaux. Bonheur de les voir galoper crinières au vent pendant que je fondais au propre et... au figuré en m'enfonçant imperceptiblement, mais sûrement, dans une neige que n'avaient pas prévue mes escarpins !

Et lorsqu'un long moment plus tard, nous nous sommes regardés, de part et d'autre du toit de la voiture sur laquelle le contrat mouillé s'était étroitement collé... le plus beau fou rire de nos rencontres à venir remplaça fort avantageusement la signature tant espérée par notre chaîne.

Au tiercé de sa vie, c'est sa famille qu'il donne gagnante suivie de sa carrière et des chevaux ! Pour le reste...

« Ma peinture vaut ce qu'elle vaut et, je le crains, pas grand-chose », confie volontiers Luciano Pavarotti, qui ajoute, avec un clin d'œil amusé :

« Mais c'est une expérience extraordinaire pour l'interprète des œuvres d'autrui, que d'accéder à la création, pure et personnelle. »

En clair, c'est la faute de Mario, le révolutionnaire malchanceux mais l'heureux amant de Tosca.

Rappelez-vous les reproches de la belle lorsqu'elle découvre le portrait d'une dame qui ne lui ressemble pas ?

« Tout au long de cet acte, je suis censé retoucher le tableau, mélanger les couleurs, tripoter les pinceaux. Je m'y efforçais consciencieusement avec des accessoires de théâtre, jusqu'au jour où un ami m'a apporté une boîte de peintures acryliques. »

Gag ou défi : c'est bien en scène que Luciano Pavarotti fait ses débuts de peintre. Moitié par plaisanterie, moitié par jeu d'acteur.

« Et peindre m'a tellement amusé que j'ai emporté la boîte à la maison... »

Où il a continué. Il accumule les toiles où s'épanouissent des bouquets naïfs, des fruits bariolés, des paysages hautement colorés.

Il a même fait une exposition à New York en 1979, qu'honora Mme Wanda Toscanini Horowitz et qui, si elle ne bouleversa pas l'histoire de la peinture, connut néanmoins un certain succès. Brossées pour la plupart durant les vacances à Pesaro, les toiles exposées exprimaient en une belle fraîcheur d'inspiration la pure et simple joie de vivre et, mieux et plus rare, sans la moindre prétention.

« Si j'étais sûr de pouvoir devenir un grand peintre, j'abandonnerais immédiatement l'opéra », confessa un jour notre ténor dans un grand élan de ferveur picturale.

Puisse le Ciel nous éviter une pareille calamité ! Par bonheur, là comme ailleurs, Luciano Pavarotti garde les pieds sur terre. S'il s'amuse à exposer, c'est toujours à la demande de tiers, et parce que le bénéfice des ventes remplit les caisses de quelques bonnes œuvres.

Tant pis s'il n'inscrit pas son nom aux cimaises des musées. Il le laissera au fronton du bel canto. Et à plus d'un titre, puisqu'il l'a aussi donné à un concours désormais célèbre.

« Je suis certain de prendre ma retraite à Modène, me dit-il, confortablement installé dans le grand salon familial. Quand ? Ma foi, c'est ma voix qui déterminera la date. Mais je ne crois pas que je chanterai encore à quatre-vingts ans. Je m'arrêterai avant. Il n'est pas question néanmoins pour moi d'abandonner totalement la musique. Je crois bien que j'enseignerai pour passer le flambeau. » C'est ainsi qu'aujourd'hui certains chanteurs de la nouvelle génération peuvent, à juste titre, s'enorgueillir d'inscrire à leur curriculum vitae, le titre de lauréat du « Concours Luciano Pavarotti ».

18

LE TEMPS DES DISCIPLES

Il a chaussé de grosses lunettes qui lui tombent un peu sur le bout du nez. Il est sérieux comme un pape. Attentif, mieux, absorbé. Pour une fois, ce n'est pas lui que l'on écoute, c'est lui qui écoute. Qui ? Mais de jeunes chanteurs, bien sûr !

Aujourd'hui, il s'agit de sélectionner les finalistes du « Concours International Luciano Pavarotti ». Une manifestation qu'il prend passionnément à cœur et pour laquelle il n'épargne ni son temps, ni sa peine, l'un et l'autre pourtant fort précieux à ce point de sa carrière.

Et les candidats défilent. L'un après l'autre. Garçons ou filles. Ivres d'espoir et morts de trac.

« Il était temps que je fasse quelque chose pour aider les jeunes aspirants au métier de ténor », dit-il, à la pause, en avalant quelques bouteilles d'eau minérale. A-t-il généreusement oublié le peu de mains tendues à ses débuts ? « Sans doute, mais j'ai eu beaucoup de chance. C'est pourquoi, en retour, j'ai voulu en donner quelques-unes à ceux qui démarrent dans la carrière, et ainsi, rembourser en quelque sorte ma dette à l'égard de la musique. »

Alors, vingt ans après le fameux Concours Achille Peri à Reggio nell'Emilia, qui lui ouvrit les portes de sa carrière, Luciano Pavarotti a créé son propre concours. Les récompenses ?

« Surtout pas d'argent. Ces gamins le dépenseraient à payer de mauvais professeurs. Non, voyez-vous, ce que l'on peut offrir de plus précieux à un débutant, c'est une occasion de se faire entendre. Et pas dans une petite ville de province où le passage d'un imprésario demeure improbable, ni dans une production au rabais, mais dans un grand théâtre, avec des interprètes célèbres qui attirent le grand public. »

Sans fausse modestie, Pavarotti, qui sait parfaitement que son nom remplit les salles, donne donc aux lauréats de cette compétition si disputée le privilège de chanter avec lui. Que demander de plus glorieux ?

Depuis la création de « son » concours, en 1981, des amis musiciens se sont associés à ses recherches et opèrent à travers le monde entier une présélection.

« L'idée m'en est venue lorsque la ville de Philadelphie a souhaité célébrer le vingtième anniversaire de mes débuts. On m'a demandé ce qui me ferait plaisir. J'ai répondu : " Eh bien, trouvez l'argent pour organiser un concours ! " »

L'argent trouvé, le lieu allait de lui-même s'imposer : ce serait Modène ! Sa bonne ville de Modène où Luciano tient à présider lui-même les demi-finales, annoncées à grand renfort de calicots suspendus au travers de la rue principale, avec l'aide précieuse de... papa Fernando, venu, lui aussi, tendre son ombrageuse oreille. Un avis qui, loin de toute coquetterie, reste pour son fils le plus précieux, le plus autorisé.

« Il s'y connaît en chanteurs ! Dommage qu'il n'ait pas passé de concours. Toujours ce maudit trac. La musique a perdu un grand ténor. »

Le trac, les nerfs qui lâchent, la santé. Autant d'éléments paramusicaux qui entrent en compte lors des auditions, quand il faut trancher, encourager, sanctionner au risque de couper court, pour certains aspirants-chanteurs, à des années de travail et de rêve.

« C'est dur. Mais parfois, il vaut mieux leur conseiller de choisir un autre métier. Pour celui-ci par exemple. En revanche, la brunette, là-bas, je parie que nous la retrouverons en finale... »

Une ultime épreuve qui se déroule à Philadelphie entre quarante candidats soigneusement choisis parmi un bon millier d'inscrits.

Mais pourquoi Philadelphie, plutôt que New York, San Francisco ou Dallas ?

« D'abord parce que la ville a été à l'origine du concours, ensuite, parce que Philadelphie est le plus ancien théâtre lyrique des États-Unis. C'est à Philadelphie que se sont données, pour la première fois outre-Atlantique, des œuvres comme *Luisa Miller* ou *I Pagliacci*. C'est aussi une maison où l'on a des idées jeunes, où l'on a toujours fait montre d'un esprit ouvert. La preuve, lorsque je leur ai suggéré de leur adresser les lauréats de mon concours, l'Opera Company n'a pas hésité une seconde. Ils ont accueilli le projet avec enthousiasme. Et le public n'a émis aucune réserve. Bien au contraire... »

Récompensés, rassérénés après tant d'émotion et d'anxiété, les heureux élus dans les mois qui suivent la finale ont enfin la joie de se produire auprès de leur illustre mentor, dans quelque production du *Ballo in maschera* ou de *Rigoletto*. C'est ainsi qu'à la certitude de « débuter » dans les meilleures conditions possibles va s'ajouter la satisfaction de partager les applaudissements avec le célébrissime « ténor des ténors » en attendant le moment de les moissonner, un jour, pour leur compte exclusif. Comme la soprano Nuccia Focile, bien établie maintenant dans le circuit professionnel, qui chanta, en Argentine, en 1987, *la Bohème*, au côté de celui qui l'avait découverte.

« Je chante avec eux, gratuitement bien sûr. Et j'y consacre tout le temps qu'il faut... »

C'est à la fois une formidable chance pour les lauréats et quelque chose qui ressemble à une seconde vocation pour Luciano Pavarotti : celle de professeur. Un rôle qu'il aime de plus en plus, au point de ne concevoir sa retraite qu'assortie de ces cours qu'il adore dispenser.

« J'y consacre deux à trois mois par an. C'est beaucoup, mais c'est très important pour moi de participer à la découverte de nouveaux talents, de les encourager et de les aider de façon efficace à entrer dans la carrière. »

Cet enthousiasme, j'ai effectivement pu le constater lors de son passage à la Juilliard School, où il était invité à écouter et conseiller de jeunes chanteurs venus du monde entier. Et à la vérité le spectacle ne débutait véritablement que lors de ses interventions ! Immobile d'abord, derrière sa table sur l'estrade, profondément concentré, attentif, brusquement le désir de communiquer non seulement son savoir-faire mais aussi ses émotions s'emparait de lui et le transformait :

« Non ! Non ! pas comme ça, disait-il mezzo voce sur les derniers accords d'une aria de la *Tosca*. Mettez du sentiment ! Chantez plus gravement, plus lentement. C'est l'instant où Mario dit adieu à la femme qu'il aime, il sait qu'il ne la reverra plus. Ces quelques notes doivent être emplies de désespoir... Vous comprenez, vous tenez la note et vous attaquez sur le souffle, crescendo et puis à pleine voix comme ça, hein ! »

Il faut avoir vu l'œil de son élève d'un jour, tout à la fois admiratif et désespéré devant la magnificence de l'exemple donné par Pavarotti pour comprendre le charisme de cet incomparable artiste.

Dans l'autobiographie du Maestro, Madelyn Rennee, son assistante et élève témoigne parfaitement de l'intérêt que Luciano porte aux exercices et à la technique des débutants.

« C'est un professeur incroyable ! Il est doué d'une patience prodigieuse. Si vous faites une erreur d'interprétation, il vous fera recommencer inlassablement dix, cinquante fois — jusqu'à ce que vous soyez dans le juste. Et ensuite, il vous fera chanter cinquante fois supplémentaires, pour être sûr que vous n'y êtes pas arrivé grâce à la chance ou par hasard, que vous possédez enfin la technique exacte et le ton correct, et que tout cela est maintenant, dans votre tête, de l'ordre de l'automatisme. Et chaque fois, il vous écoutera avec la même intense concentration, sans marquer le moindre signe d'ennui.

« Luciano Pavarotti est un professeur incroyablement généreux. Il vous offre tous les “ trucs ” de sa technique. Ainsi, j'ai mis des mois à comprendre, et à reproduire la façon dont il prononce les voyelles. D'un autre côté, il n'enseigne pas à tous la même chose. Il s'adapte aux besoins de chacun : vous comprenez l'attention et l'énergie que cela requiert de sa part. Dans mon cas, par exemple, il met l'accent essentiellement sur l'interprétation et le phrasé, parce qu'il estime que, désormais, ma technique est au point. »

Tout est prétexte à enseigner. Jusqu'aux airs de musique pop qui passent à la radio :

« Vous entendez ! Ce chanteur est inaudible ! Il n'a pas travaillé ! »

Ou encore :

« Écoutez donc ce disque de Barbara, *Barbara-Classiques*. Extraordinaire ! Barbara n'aurait jamais pu enregistrer ces airs si elle ne possédait pas une technique vocale irréprochable. La technique, toujours la technique ! On y revient immanquablement ! »

Et rien ne l'exaspère plus que l'amateurisme. Madelyn Rennee peut l'affirmer :

« Un jour que nous étions dans l'avion qui nous transportait à l'autre bout du monde où Luciano devait donner un récital, je lisais *Le monde selon Garp* de John Irving. Luciano m'a demandé ce qu'était ce livre. J'ai commencé à lui raconter l'histoire, mais il m'a interrompue, presque en colère. “Pourquoi lisez-vous des romans ? Que vont-ils vous apporter ? Si vous voulez devenir une chanteuse lyrique, vous devez consacrer tout votre temps à étudier les livrets d'opéra. Lisez plutôt celui de *la Bohème*, au lieu de bouquiner pour vous distraire.” »

« Le rêve de Luciano, explique Adua, dans *Pavarotti, life with Luciano*, serait de trouver, peut-être grâce à son concours, un jeune ténor qui possède toutes les qualités essentielles et indispensables pour construire une grande carrière. Luciano continuera à chanter aussi longtemps qu'il pourra satisfaire ses propres envies, mais à son âge, il est sans doute naturel qu'il songe à son successeur, quelqu'un à qui passer cette tradition que lui-même a reprise de Caruso, Gigli et Di Stefano, ces ténors qui lui ont inspiré son amour pour l'opéra, et sa vocation. »

C'est à ces futures stars du lyrique — les meilleurs critiques possibles —, selon lui, qu'il demande des avis sur ses propres interprétations.

« C'est le moyen le plus sûr de suivre sa propre évolution, de ne pas couper les ponts avec le public. Et surtout le jeune public. C'est très important pour moi. »

Un contact qui, on l'a vu, constitue l'une de ses grandes préoccupations.

Mais pour l'heure et pour en revenir à son itinéraire, après la télévision, les interminables séances d'autographes et de dédicaces, les méga-shows, que peut-il lui rester à découvrir ? A quelle autre tentation peut-il succomber ?... Quel autre pari peut-il encore prendre et vers quel autre objectif va-t-il se diriger ?

Vers celui bien sûr des caméras ! Non plus celles des studios de télévision mais celles des studios de cinéma. Allait-il, parvenu à ce point de sa prestigieuse carrière, faire briller une étoile de plus dans le ciel d'Hollywood ?

19

IMAGES OU MIRAGES ?

Comment aurait-il pu résister à la tentation ? C'est bien au cinéma qu'adolescent, il avait découvert la vie dorée sur... pellicule, d'Enrico Caruso, alias Mario Lanza. C'est encore le cinéma qui, voici quelques années, redorait le blason de l'Opéra auprès du grand public, avec les superproductions de *Don Giovanni* de Mozart, mise en scène par Losey, dans les divines villas de Palladio ou de *la Traviata* de Verdi somptueusement décorée par Zeffirelli ou encore de *Carmen* de Bizet réalisée par Francesco Rosi qui propulsait l'incandescente Julia Migenez du rang d'artiste lyrique à celui de diva.

Et puis Hollywood déployait l'éventail de ses mythiques séductions : scénario sur mesure, équipe célèbre, lancement à grand fracas. Produit par la Metro Goldwyn Mayer *Yes, Giorgio*, le film qu'on lui propose, doit être tourné par Franklin J. Schaffner, le réalisateur de *Papillon* et de *la Planète des singes*. Et l'histoire du personnage principal vaut d'être contée.

C'est celle d'un ténor italien célébrissime (tiens donc !) qui fait carrière aux États-Unis. Toute ressemblance avec des personnages ou des situations existant ou ayant existé s'arrête ici. Notre ténor, en effet, perd sa voix un beau soir, juste avant une représentation. On fait venir un médecin. Calamité, c'est une femme. Macho comme peuvent l'être à l'occasion les Italiens, le ténor refuse ses soins. Têtue comme le sont rarement les Américaines, elle lui impose une piqûre suffisamment douloureuse pour lui arracher un hurlement qui ébranle les lustres. On l'a compris, l'extinction de voix était purement psychologique.

Suite à cette guérison, le docteur Pamela Taylor et le Maestro Giorgio Fini s'embarquent dans une love story photogénique, touristique et lyrique à travers les États-Unis qui s'achèvera symboliquement au Metropolitan Opera où la star refusait obstinément de remettre les pieds, y ayant autrefois connu quelques avatars. C'est encore Pamela qui convaincra son ténor d'y retourner cette fois-ci à coups d'arguments frappants en forme de tarte à la crème !

L'heure des aveux étant arrivée, Pamela craque la première tout en sachant qu'une épouse légitime et deux innocents bambini attendent le retour de Giorgio sur la terre natale, et au domicile conjugal.

« Soyons heureux aux States, suggère ce dernier, lui aussi touché par Cupidon. Et qu'importe la lointaine Italie ! »

Une solution radicale que notre pure héroïne ne saurait entériner. Après avoir assisté au triomphe de son grand homme (et grand amour) dans un *Turandot* historique donné au Met, elle retournera seulette et incognito, vers de plus conventionnels patients au grand soulagement des scénaristes parfaitement conscients, j'en suis certaine, de la toute-puissance des ligues féministes américaines.

Bien tourné, interprété au mieux de ce que l'on pouvait espérer, ce scénario en forme de bluette qui en valait bien d'autres, ne fit pas l'unanimité. Le film pâtit d'avoir mal ciblé son public.

Il était à la fois trop proche de l'opéra pour satisfaire les amateurs de comédie musicale, et trop loin de celui-ci pour ne pas scandaliser les sourcilleux

« aficionados » d'un Luciano Pavarotti plus classique.

Quoi ! Après le micro, la télé, les chansons populaires et les méga-shows, il donnait dans la comédie !

Rien n'y fit. Pas même la parution de ses mémoires, un charmant livre de souvenirs et de réflexions sur l'art, assorti d'interviews de ses amis proches ou lointains et rédigé (en anglais) sous le titre *My Own Story*. Aujourd'hui, si vous demandez à Luciano Pavarotti ce qui l'a poussé à tenter avec ce film ce « coup » hasardeux, il vous répondra en toute sincérité : « J'ai voulu m'amuser. »

Et si vous insistez pour savoir si d'aventure Hollywood prépare quelque nouveau projet pour lui, il vous dira, avec un grand sourire : « Ils ont été très contents. Moi aussi. Cela suffit. Basta... »

Pour la petite histoire, ajoutons que *Yes, Giorgio*, distribué en Italie, n'y connut pas davantage le succès escompté, mais pour une raison ma foi, très italienne, les rudes censeurs de l'Église catholique ayant jugé immorale cette histoire d'amour d'un couple illégitime qui se sacrifiait pourtant à la famille.

***

14 août 1985, il fait un temps radieux sur toute l'Italie. A Modène, incendiée, assommée par cette chaleur impitoyable qui précipite les touristes dans les musées et les autochtones à l'ombre désaltérante des cafés, tout est immobile. Endormi. Sauf aux alentours de la cathédrale San Geminiano. Là, sur la grande place, une agitation insolite grandit depuis les premières heures du matin. Il faut dire qu'il y a bien longtemps que la ville n'a pas connu d'événement de l'ampleur de celui qui se prépare...

Ruisselants de sueur, sous les regards étonnés des vacanciers, des ouvriers alignent en toute hâte sur les pavés inégaux des rangées de sièges rouge coquelicot tandis qu'un groupe d'électriciens perchés dans un improbable équilibre installent d'énormes projecteurs. Un peu plus loin, debout sur une estrade qu'ils viennent de terminer les menuisiers fixent à grands coups de marteau toute une tenture de draperies superposées pour mieux donner l'illusion d'une scène de théâtre que les fleuristes viendront un peu plus tard, quand l'ombre aura apaisé les ardeurs du soleil, ourler d'un feston de plantes vertes et de fleurs.

Tout autour de la place, dans les rues, sur la *Passeggiata*, les murs sont recouverts d'affiches où s'épanouit en gros plan l'effigie du même homme débonnaire et souriant. A pied, à cheval, en buste, on y reconnaît l'inimitable stature de l'enfant du pays, le ténor des ténors, Luciano Pavarotti !

Aujourd'hui sonne son heure de gloire. Le moment d'une juste revanche prise sur l'ingrate Modène qui l'ignora autrefois.

En ce quatorzième jour d'août 1985, on célèbre celui de ses cinquante ans tout proches. Et si le public ou un riche mécène pouvait autrefois, en de semblables occasions, offrir un feu d'artifice, un diamant, un château... aux divas, quelle star, quel homme politique oserait aujourd'hui en notre si prosaïque siècle s'annexer toute une ville pour cause d'anniversaire ?

Eh bien lui, Luciano Pavarotti, lui seul peut s'offrir un spectacle dont il est à la fois le concepteur et le centre. Un spectacle dont les images et les sons se répercuteront dans le monde entier, sponsorisé et retransmis par tous les médias.

Alors, bravant la chaleur, les adorateurs qui sont aussi les figurants de la célébration envahissent la place, s'organisant au mieux pour la longue attente !

Déjà, les notables affluent, suivis des anciens copains de son équipe de football, le « Lepanto », où il jouait, il y a trente-cinq ans maintenant, ailier gauche et centre attaquant. Tous quelque peu empâtés mais extraordinairement émus. Et ceux de la Chorale Gioacchino Rossini. Et papa Fernando, tiré à quatre épingles, qui accompagne son garçon. Et maman Adèle, fière et heureuse, qui s'assied en tenue de gala. Et toute la famille, qui suit dignement, tout sourire pour cacher les larmes que l'émotion met aux yeux...

L'orchestre de l'Émilie-Romagne, sa province, s'accorde longuement avant que le chef, Emerson Buckley, ne monte sur l'estrade. Le flûtiste Andrea Griminelli est prêt, chauffant cette autre voix qui dialogue si merveilleusement avec celle du ténor.

Et quand dans la nuit enfin descendue retentiront les premières notes, des milliers de personnes retiendront leur souffle jusqu'à l'évanouissement...

Le programme, soigneusement élaboré pour la circonstance (ainsi que pour l'impression d'un 33 tours-souvenir que l'on s'arrachera), va combler les « fans » et ménager le suspense jusqu'au délire final.

Entre la brillantissime ouverture de *la Gazza ladra* de Rossini et l'inévitable « Torna a Surriento », après « Che gelida manina » de *la Bohème*, « Tombe degli avi miei » de *Lucia di Lammermoor*, Vesti la giubba » de *I Pagliacci* et autres « tubes », le public enivré, debout, transporté, refusera de s'en aller. « Une autre », « une autre », scande-t-il sur un roulement de tonnerre produit par des milliers de pieds qui frappent le sol. D'ailleurs qu'importe ce que chante Luciano. On n'écoute plus les arias. On écoute sa voix. « La » voix... et l'on voudrait l'écouter toute la nuit. C'est cela l'effet Pavarotti. Le magnétisme Pavarotti.

Ce n'est qu'au petit matin, en allant à la messe et en jetant un coup d'œil suivi d'un long soupir vers les estrades déjà démontées que l'on se souviendra de la date de ce lendemain de liesse.

« *Dio mio*, mais nous sommes le 15 août ! C'est la fête de la Sainte Vierge ! Avec Luciano, on l'avait presque oubliée... »

***

Et pourtant la fête ne faisait que commencer ! Un long cérémonial allait en effet se poursuivre jusqu'à l'année suivante, celle du 25e anniversaire de ses débuts ou, pour s'exprimer plus médiatiquement, de ses « vingt-cinq années d'amour avec Mimi ».

Ce qui représentait beaucoup de bougies en peu de temps : toutes celles qu'allumait inévitablement sur ses pas la présence de Luciano Pavarotti ! Impossible d'apparaître dans un restaurant sans que, à la fin du repas, le patron, affichant l'air finaud de celui qui a préparé dans le plus grand secret une surprise à laquelle le destinataire ne s'attend ab-so-lu-ment pas, arrive avec un énorme gâteau dans les mains, entonnant le sempiternel « Happy birthday to you »... repris désormais en chœur et avec cœur par le public à chaque fin de récital.

« Nous autres, ténors, disait Enrico Caruso, nous connaissons notre commencement, mais nous ne connaissons pas notre fin. »

Bref, cette guirlande d'anniversaire et cette chaîne ininterrompue de gâteaux finissaient par ressembler à une tournée d'adieux.

On murmurait, ici et là, que l'« incomparable » allait se retirer, comme Garbo, en pleine gloire, pour ne plus se consacrer qu'à l'élevage des chevaux ou à la peinture à l'huile... Bref, on murmurait... n'importe quoi ! Et ses rivaux d'espérer. Et ses fans de désespérer. C'était mal connaître Pavarotti, déjà reparti pour de nouvelles aventures.

***

Fin juin, l'air est tiède à Pékin. Tout autour de la place Tien Anmen envahie par la foule, s'écoule inexorablement le flot imperturbable des hautes bicyclettes noires. Çà et là, sur les trottoirs, de petits groupes d'hommes et de femmes s'agglutinent devant les vitrines où trônent ces objets de toutes les convoitises que sont les postes de télévision !

C'est lui que l'on attend ! Ce personnage inouï qui vient d'apparaître sur les écrans gigantesques. Barbu, le sourire éclaté sur un visage qui irradie le bonheur d'être, il fascine déjà par sa seule stature le plus vaste public du monde qui ne l'entend pourtant que très imparfaitement à travers les grandes vitres.

Il est arrivé à Pékin quelques jours plus tôt, accompagné de la troupe de l'Opéra de Gênes, très officiellement invité à faire ce voyage par... le gouvernement chinois.

En Chine, on aime et on connaît la musique. Avant la Révolution culturelle, les conservatoires y étaient florissants, les interprètes nombreux, et les auditeurs avertis. Certains artistes, quand vinrent les sanglantes réformes, réussirent à fuir vers l'étranger ; d'autres s'efforcèrent de maintenir, secrètement, la ferveur beethovénienne ou verdienne, en dépit des persécuteurs qui défenestraient les professeurs, ou brisaient, dans les geôles, les doigts des pianistes accusés de colporter une culture décadente.

Après cette longue et noire période, la surveillance des policiers se relâchant, l'intérêt de ce peuple pour la musique classique occidentale se ranima, plus vivement encore qu'autrefois, et d'autant plus facilement que cette musique présentait l'immense avantage de se transmettre par écrit. Du flûtiste Alain Marion au violoniste Isaac Stern, les grands artistes occidentaux reprirent aussi très officiellement le chemin de la Chine. Ils furent même invités, par les autorités, à y donner des « master's classes ».

Dans le domaine du lyrique, la production de *Carmen* par l'Opéra du Rhin fit sensation, d'autant qu'on y découvrait un Bizet accessible : l'œuvre était chantée... en chinois, par des interprètes... chinois eux aussi !

Ce fut l'occasion d'une double et réciproque découverte : les Chinois qui les ignoraient encore goûtèrent avec enthousiasme à nos sonorités, et les Occidentaux présents ce soir-là eurent la révélation qu'il existait bien, dans ce pays, des voix capables d'interpréter admirablement notre répertoire, et mieux encore, un public pour l'apprécier. Un public qui se passionne tout autant pour le sort des princesses, des guerriers, des magiciens de l'Opéra de Pékin, que pour celui de ces lointains cousins que sont par exemple les personnages de *la Flûte enchantée*, et qui se reconnaît volontiers, en bon amateur de mélos cinématographiques qu'il est, dans les malheurs de Rodolfo et de Mimi.

C'est d'ailleurs avec *la Bohème* que Luciano Pavarotti va faire ses débuts en Chine. « Nous étions les premiers Italiens à chanter un opéra italien. Je me disais qu'il fallait me préparer à accepter n'importe quelle réaction, la pire comme la meilleure. Nous avons eu de la chance, la réaction fut vraiment la meilleure possible. On n'aurait pu rêver mieux. »

Le phénomène était d'autant plus remarquable que les Chinois ignoraient tout ou presque de l'univers de Pavarotti. Comment auraient-ils pu même l'imaginer ? Comment concevoir, dans un pays où les plus grandes stars perçoivent un salaire de sténodactylo (et au mieux d'ingénieur), qu'un chanteur puisse se promener à travers le monde sur un tapis volant de dollars, en compagnie d'un « staff » de dix personnes dont un cuisinier tout spécialement habilité à préparer la *pasta* à la mode de Modène ?

Son succès n'en fut pas moins total ! Ouragans de bravos à chaque contre-ut et « standing ovation » à chaque spectacle. Au point qu'après trois représentations au Temple du Ciel et quelques extraits de *Turandot* parfaitement en situation, le Secrétaire Général du Parti décida de lui ouvrir la Salle du Peuple, seul lieu capable de contenir la multitude de ses nouveaux « fans » qui faisaient la queue depuis trois jours et trois nuits pour obtenir un billet.

La Salle du Peuple ! L'endroit où Mao, le Grand Timonier, prononçait ses discours ! Celui où s'était déroulé le procès de la « Bande des quatre ». Ou Lin Piao avait fait son autocritique !

Ce fut donc là que mourut un mythe : celui de l'impassibilité asiatique. Dix mille spectateurs trépignant d'enthousiasme se levèrent comme un seul homme pour applaudir à tout rompre et hurler leur joie.

Et le même phénomène d'exaltation se répéta à l'autre bout du monde, à Colon en Argentine précisément, en août 1987, puis sur la vaste étendue de Luna Park à Buenos Aires aussi, le 3 septembre suivant.

« L'Argentine est un pays de résidence pour les émigrés italiens, je le savais. Mais quel bonheur, quelle émotion, le soir de cette *Bohème*, lorsque j'ai découvert que la pelouse était entièrement couverte de gens vêtus de vert, de blanc, et de rouge, et qui agitaient tous des drapeaux italiens... »

Il soupire, puis ajoute : « C'est mon plus beau souvenir. »

Une petite phrase répétitive lors de ses innombrables interviews, mais toujours, totalement sincère !

« Mon plus beau souvenir ? C'était à Llangollen, au Pays de Galles en 1955, lorsque la Chorale Gioacchino Rossini a remporté le premier prix du Concours International. » « Mon plus beau souvenir ? C'était à Salsomaggiore, en 1960. Ce petit récital ! Je n'ai jamais si bien chanté que ce jour-là ! » Ou bien : « C'était à Modène, naturellement, pour ma première *Bohème*. » « C'était à Londres, avec Joan Sutherland, en 1966 à Covent Garden, quand la reine est venue nous féliciter... » « Bien sûr, c'était notre mariage, et la naissance de nos filles. » « Et puis Vérone, aussi, en 1980. Quelle émotion de découvrir toutes ces lumières, face à vous, sur les gradins, quand chaque spectateur, en signe d'hommage, allume un briquet : ça fait autant d'étoiles dans les arènes que dans le ciel ! »

Il rêve, les images affluent : « Mon plus beau souvenir, c'était à Chicago, quand j'ai chanté l'*Ave Maria* de Schubert devant le pape Jean-Paul II... Ou peut-être en 1981, quand j'ai fait chanter mon père au Metropolitan Opera... Quelle histoire ! »

Finalement, c'était *Idomeneo*. Ou plutôt *Aïda*. Ou peut-être ce concert à Hyde Park, à Londres, le 30 juillet 1991, où malgré la pluie battante, ils sont tous restés là, uniquement pour m'écouter, jusqu'au Prince Charles et Lady Di, qui, trempés jusqu'à l'os, vinrent me féliciter sous la tente après le récital, alors qu'ils auraient pu attendre le dîner auquel nous devions nous rencontrer le soir même. A moins que... »

Il ne sait plus, quelle importance après tout...

D'ailleurs, il se lasse vite de feuilleter les pages des albums de photographies soigneusement classées par Adua au fil des années, probablement parce que ce sont celles qui sont encore blanches qui le captivent et le font avancer...

20

RECORDS, LUNES NOIRES ET RECONQUÊTE...

De pays en pays, de continent en continent le « phénomène Pavarotti » se reproduit à l'identique, ignorant les différences de langues, de classes, de cultures...

De passage en la lointaine Finlande, vous vous étonnez, ravi, de la fluidité de la circulation d'Helsinki... « Aujourd'hui, nous avons détourné le trafic, vous explique-t-on. "Il" chante ici ce soir, vous savez... A la patinoire ! » Seul lieu assez vaste pour accueillir les huit mille personnes qui se préparent à l'événement depuis quinze jours en s'immergeant dans l'ambiance « à l'italienne » des grands magasins de la ville, qui exposent à cette occasion les posters géants du Maestro auprès de bouteilles de « Chianti ».

Côté records, faut-il rappeler ses cachets royaux ? Les plus élevés de la profession qui, somme toute, se justifient par la loi de l'offre et de la demande.

Au Théâtre des Champs-Élysées, lors du dernier récital parisien du chanteur, on reçut d'innombrables missives expédiées par les malheureux spectateurs qui n'avaient pas songé ou pas pu racheter au marché noir (aux alentours de 2 000 F) les places convoitées.

Ces lettres lui rappellent toujours celle qu'il trouva, comme le relate Adua dans son livre, à son hôtel de Göteborg en Suède, en 1987. Une jeune femme de vingt-neuf ans mourante ne souhaitait qu'une seule chose : pouvoir parler avec Luciano.

« Il lui téléphona immédiatement, se rappelle Adua, et lui parla longuement. Le lendemain, elle lui fit envoyer, pour saluer son geste, un bouquet de fleurs blanches avec un petit billet de remerciement. Son dernier : à l'heure où Luciano lisait ses mots, elle n'était plus. »

Adulé, adoré, vénéré par son public, il peut tout se permettre y compris ce qui d'ordinaire fait faire la moue aux quelques snobs qui se veulent les arbitres du bon goût : ainsi à Paris, transporté par les applaudissements, il rétablit une tradition tombée en désuétude en bissant le grand air de *l'Elisir d'amore*. A lui et à lui seul, on pouvait pardonner cette hardiesse si visiblement destinée à « faire plaisir ! ».

A Berlin, au Deutsche Oper plus d'une heure et demie d'applaudissements le clouent en scène à la fin du spectacle. Il salue, re-salue, re-re-salue... En coulisses, pressentant l'affaire, on a installé un tableau noir où chaque nouvelle rafale de bravos est marquée d'un trait de craie. Quand enfin le public, les mains gonflées et le cœur en liesse, se décide à quitter les lieux, on fait le compte, sur ledit tableau... Cent soixante-cinq rappels !

Et que dire devant la ferveur des spectateurs américains grimpés jusqu'au sommet des arbres de Central Park en juin 1991 pour apercevoir leur idole ? « Certains n'entendaient absolument rien, mais à ce point, quelle importance ? Il suffit que Luciano Pavarotti apparaisse pour que les gens deviennent immédiatement fous... », constatait un journaliste quelque peu dépassé.

Une folie sans frontières grâce à la retransmission planétaire de sa voix en 1990, lors de la Coupe du Monde de football en Italie. Une façon de concilier ses passions de toujours : le ballon rond et le bel canto. Ce soir-là, Luciano, irradiant le bonheur, chantait aux côtés de ses amis, Placido Domingo et José Carreras. La générosité, la complicité des trois hommes fut tellement émouvante que ces moments inoubliables d'amitié et d'art furent retransmis quatre fois uniquement aux États-Unis, pendant que les cassettes vidéo s'arrachaient à plus de sept millions d'exemplaires... « Le concert du siècle » avec en prime pour Pavarotti la pulpeuse Sophia Loren à son bras pour tirer les gagnants d'une loterie organisée à l'occasion.

A ce palmarès, il faudrait également ajouter celui de la ténacité avec laquelle Luciano vit chacune de ses passions. Depuis 1991, année de la création de la Pavarotti International Horse Trials (Épreuve internationale équestre Luciano Pavarotti), les meilleurs cavaliers du monde s'inscrivent pour concourir, et c'est la Princesse royale Anne d'Angleterre en personne, Présidente de la Fédération équestre internationale, qui vint honorer de sa présence le dîner d'honneur donné le 14 septembre 1991 à l'Académie Militaire de Modène.

Il n'empêche qu'au jeu dangereux de la surenchère qui pousse les « stars » dans de téméraires challenges, Pavarotti a toujours su éviter les erreurs de choix parce que, dit-il : « On finit par s'éloigner tellement de ce que l'on sait faire, qu'on en devient mauvais. Caruso a voulu chanter Wagner à la fin de sa vie. Ce ne fut pas un titre de gloire. Dieu me préserve d'en faire autant. »

Il lui reste cependant quelques rêves à réaliser... celui de retrouver sa ligne d'autrefois ! Il a déjà perdu trente-sept kilos, jure-t-il, pour se glisser dans le costume de Werther.

« Je l'avais préparé pour 1989. En français, bien sûr. Les organisateurs ont changé d'avis. J'avais très envie de le faire depuis longtemps... Exactement comme *Carmen*, dont j'ai souvent chanté et enregistré « La fleur que tu m'avais jetée »...

Parmi ses autres rêves : celui peut-être de la durée.

Autrefois, il s'était laissé aller à confier : « Je m'arrêterai en 1991. Cela me fera tout juste trente ans de carrière. » Plus tard, il avait corrigé : « J'irai jusqu'en 1995. Ce sera l'année de mes soixante ans. » Ensuite il avait réfléchi : « Écoutez donc mon père. Il a encore chanté avec moi, il y a quelques années, au Duomo de Modène pour Noël. Moi, je revenais de New York et j'étais fatigué. Lui était frais comme une rose. Je vous assure qu'il fut bien meilleur que moi. »

Alors sera-t-il encore sur scène comme Carlo Bergonzi qui triomphait à New York à soixante ans passés ? Imitera-t-il Giacomo Lauri-Volpi qui conservait une voix admirable à quatre-vingts ans ?

En mars 1993, à Modène toujours, lorsque je lui ai posé la question, il m'a répondu : « Mon père avait quatre-vingts ans aussi lorsqu'il a enregistré à l'occasion des Jeux olympiques un très beau disque intitulé " Barcelona " ! En ce qui me concerne, ajoutait-il, je ne me projette pas dans l'avenir. Je viens de prendre des vacances aux Caraïbes et brusquement j'ai réalisé au soleil que la fête, il faut la vivre au quotidien et... simplement ! »

Vivre simplement, en faisant comme si... comme si la voix, même naturelle, même obstinément et rigoureusement travaillée, même soigneusement protégée, n'était pas l'instrument le plus fragile qui soit... Comme si une réussite aussi flagrante et fracassante ne suscitait pas les plus âpres jalousies... Comme si la critique n'était pas à l'affût de la moindre défaillance, comme si tant d'excès d'amour n'était pas assorti de trop d'exigences avides et aveugles !

Le Monde de la musique, janvier 1993 : « Fiasco à la SCALA ! Le manque de caractère des personnages ne devait pas en principe gêner Pavarotti qui n'a pas établi sa réputation sur ses interprétations dramatiques... Hélas le ténor légèrement amaigri est apparu en petite forme dans l'air de Fontainebleau, à l'acte I, du *Don Carlos* de Verdi. De plus, il a semblé mal connaître son texte et la partition. Pire, il a "craqué" deux si bémol. A la troisième menace, il a préféré renoncé. Le chahut a été grand... »

Faut-il rappeler dans cette même salle, les huées adressées à Renata Tebaldi au temps de sa rivalité avec Callas ? Une Callas qui elle-même déclara forfait au soir d'une première de gala, en présence du président de la République impuissant à tempérer les injures et les grossièretés lancées à la diva souffrante...

Interrogé après sa défaite dans ce *Don Carlos* tellement attendu, Luciano Pavarotti, profondément blessé et malheureux, déclarera avec humilité : « Il n'est pas permis de se tromper à la Scala, et c'est ce que j'ai fait ! »

Désormais la brèche était ouverte, le temps des lunes noires arrivé.

***

« De nouveaux sifflets pour Pavarotti. » Cette fois, c'est au concert de la Saint-Sylvestre donné dans la Messettalle de Düsseldorf que fait référence *Opera international* en février de cette même année 1993. « Devant 14 000 spectateurs qui avaient payé la coquette somme de 400 marks leur place, le ténorissimo a successivement abrégé la première partie du concert, commis des erreurs dans la seconde et n'a fait qu'une apparition au dîner organisé à l'issue de la manifestation, pour lequel les participants avaient dû payer 495 marks. »

Et dans la foulée, la presse dénonçait Pavarotti-le-plagiaire ! N'a-t-il pas recopié purement et simplement les tableaux d'une artiste peintre américaine ? Calomnié, attaqué, harcelé par d'anonymes (le plus souvent) et obscurs gratte-papier d'une certaine presse à scandales, Pavarotti tente de rétablir la vérité. Il s'étonne du peu d'empressement des journaux à se faire l'écho de l'énorme somme qu'il a remise au professeur Lucarelli qui combat la thalassémie — une forme grave d'anémie — et qui guérit à Pesaro un grand nombre d'enfants atteints par cette terrible maladie. Il fait remarquer que les tableaux prétendument « copiés » ont été réalisés d'après une méthode destinée à cet effet et que ceux qui ont été vendus l'ont été sans exception au profit d'œuvres charitables..., ajoutant, mélancolique : « Ce sont les risques du métier. Plus vous êtes grand, plus vous prenez le risque d'être malmené ! C'est vrai et l'on n'y peut rien ! »

Un rien qui lui paraît pourtant difficilement acceptable. Comment envisager, après s'être imposé dans le monde entier comme le plus grand ténor de notre siècle, de se retirer sur un désaveu ? Quelle amertume et comment goûter pleinement aux joies de ce paradis que l'on s'est si savamment construit ? C'est dans ce contexte que Luciano Pavarotti a choisi pour effectuer son retour version triomphante... la France !

La France qu'il avait plusieurs fois enthousiasmée. La France qui l'avait follement acclamé à chacun de ses passages : en février 1987 dans *l'Elisir d'amore* à l'Opéra-Garnier, puis l'année suivante au Théâtre des Champs-Élysées et au Palais Omnisport de Bercy lors d'un concert qui s'était terminé par un souper sur l'eau : Pavarotti sur Seine et en péniche ! Pavarotti à Orange où 12 000 fans prenaient d'assaut les célèbres gradins de pierre... Pavarotti enfin à l'Opéra-Bastille. Deux génies pour une même place, de laquelle, grâce à un écran géant, le plus grand nombre était invité à ce *Bal masqué* qu'il nous offrait.

En avril 1993 donc à Marseille, première étape de la reconquête, certains spectateurs qui avaient fait quatre cents kilomètres pour venir l'entendre, restèrent, faute de place, debout dans la rue pour tenter de capter quelques échos du chant de leur idole !

Dans son supplément plus que jamais judicieusement intitulé « Vivement ce soir », *La Dépêche du Midi*, à l'annonce du concert donné au Palais des Sports de Toulouse, titrait : « Ils seront plus de 6 000 à se presser pour... Lui, *il signore Luciano Pavarotti*. Un grand parmi les grands », soulignant plus loin la beauté de sa voix « pure, éclatante et toujours magistralement contrôlée, offrant une ligne de chant d'une égalité, d'une souplesse exemplaire ».

Restait Paris qui optait pour une rentrée lyrique à la dimension de notre héros en lui proposant en guise de scène le Champ-de-Mars ! Les terres du Dieu de la guerre pour une victoire plus éclatante encore.

« Tant qu'il se trouvera des gens qui auront du plaisir à m'entendre, ma foi, je crois bien que je continuerai. »

Et pourquoi mettre fin à une aussi belle histoire ? Un conte où les hommes de sa trempe ressemblent à s'y méprendre aux héros de la mythologie. Des êtres qui ne sont pas tout à fait des dieux, ni plus tout à fait des hommes, mais ces artistes tellement indispensables à nos rêves. « Che faro senza Euridice », chantait Orfeo, privé de celle qu'il aimait... Et nous, que ferons-nous sans Luciano ?

Un jour peut-être, certainement, quelque adolescent tremblant d'admiration demandera : « Maestro, combien faut-il d'années pour devenir un grand ténor ? » Ce jour-là Pavarotti se reverra des années auparavant posant la même question à Benianimo Gigli, son idole, qui à soixante ans passés lui répondait le plus gentiment du monde : « Mais je ne sais pas, mon petit, j'étudie toujours... »

Annexes

PRISES DE RÔLES

Dans *la Bohème*, de Puccini : Rodolfo.
Teatro Municipale, Reggio nell'Emilia, 29 avril 1961.
Dans *Rigoletto*, de Verdi : le duc de Mantoue.
Teatro Comunale, Carpi, 1er novembre 1961.
Dans *la Traviata*, de Verdi : Alfredo.
Théâtre national, Belgrade, 3 décembre 1961.
Dans *Lucia di Lammermoor*, de Donizetti : Edgardo.
Nederlandse Opera, Amsterdam, 18 janvier 1963.
Dans *Idomeneo*, de Mozart : Idamante.
Glyndebourne, 24 juin 1964.
Dans *la Sonnambula*, de Bellini : Elvino.
Covent Garden, 26 mai 1965.
Dans *l'Elisir d'amore*, de Donizetti : Nemorino.
Opéra de Melbourne, 15 juin 1965.
Dans *I Capuleti e I Montecchi*, de Bellini : Tebaldo.
Scala de Milan, 26 mars 1966.
Dans *la Fille du régiment*, de Donizetti : Tonio.
Covent Garden, 2 juin 1966.
Dans *I Puritani*, de Bellini : Arturo.
Teatro Massimo Bellini, Catania, 22 mars 1967.
Dans *I Lombardi*, de Verdi : Oronte.
Opera di Roma, 20 novembre 1969.
Dans *Manon*, de Massenet : Des Grieux.
Scala de Milan, 19 décembre 1969.
Dans *Un Ballo in maschera*, de Verdi : Riccardo.
War Memorial Opera House, San Francisco, 27 octobre 1971.
Dans *la Favorita*, de Donizetti : Fernando.
War Memorial Opera House, San Francisco, 7 septembre 1973.
Dans *Luisa Miller*, de Verdi : Rodolfo.

War Memorial Opera House, San Francisco, 13 novembre 1974.

Dans *Il Trovatore*, de Verdi : Manrico.
War Memorial Opera House, San Francisco, 12 septembre 1975.

Dans *Der Rosenkavalier*, de Strauss : le chanteur italien.
Metropolitan Opera, New York, 8 mars 1976.

Dans *Tosca*, de Puccini : Mario.
Lyric Opera, Chicago, 26 novembre 1976.

Dans *Turandot*, de Puccini : Calaf.
War Memorial Opera House, San Francisco, 29 octobre 1977.

Dans *la Gioconda*, de Ponchielli : Enzo.
War Memorial Opera House, San Francisco, 7 septembre 1979.

Dans *Aïda*, de Verdi : Radamès.
War Memorial Opera House, San Francisco, 12 novembre 1981.

Dans *Idomeneo*, de Mozart : Idomeneo.
Metropolitan Opera, New York, 14 octobre 1982.

Dans *Ernani*, de Verdi : Ernani.
Metropolitan Opera, New York, 18 novembre 1983.

Dans *Otello*, de Verdi : Otello.
Orchestra Hall, Chicago, 8 avril 1991.

Dans *Don Carlos*, de Verdi : Don Carlos.
Scala de Milan, 7 décembre 1992.

DISCOGRAPHIE

Cette discographie est répartie en deux rubriques :
— les enregistrements originaux, opéras et récitals, en utilisant l'ordre chronologique des dates d'enregistrements ;
— les compilations qui représentent une sélection de ce qui est actuellement disponible en CD.

ENREGISTREMENTS ORIGINAUX

a. Opéras

Vincenzo Bellini
Beatrice di Tenda, Sutherland, Opthof, Veasey, Ward, Ambrosian Opera Chorus, London Symphony Orchestra, Bonynge, DECCA, 1966.
I Puritani, Sutherland, Cappucilli, Ghiaurov, Chœurs du Royal Opera House de Covent Garden, London Symphony Orchestra, Bonynge, DECCA, 1973.
La Sonnambula, Sutherland, Ghiaurov, Buchanan, D. Jones, Tomlinson, de Palma, London Opera Chorus, National Philharmonic Orchestra, Bonynge, DECCA, 1980.
Norma, Sutherland, Caballé, Ramey, Welsh National Opera Chorus and Orchestra, Bonynge, DECCA, 1984.

Arrigo Boito
Mefistofele, Ghiaurov, Freni, Caballé, Condo, de Palma,

D. Jones, London Opera Chorus, National Philharmonic Orchestra, De Fabritiis, DECCA, 1980, 1982.

Gaetano Donizetti

La Fille du régiment, Sutherland, Sinclair, Bruyère, Malas, Chœurs et Orchestre du Royal Opera House de Covent Garden, Bonynge, DECCA, 1968.

L'Elisir d'amore, Sutherland, Cossa, Malas, Ambrosian Opera Chorus, English Chamber Orchestra, Bonynge, DECCA, 1970.

L'Elisir d'amore, Battle, Nucci, Dara, Upshaw, Chœurs et Orchestre du Metropolitan de New York, Levine, DG, 1989.

Lucia di Lammermoor, Sutherland, Milnes, Ghiaurov, Davis, Tourangeau, Chœurs et Orchestre du Royal Opera House de Covent Garden, Bonynge, DECCA, 1971.

La Favorita, Cossoto, Bacquier, Ghiaurov, de Palma, Cotrubas, Franceschi, Chœurs et Orchestre du Teatro Comunale de Bologne, Bonynge, DECCA, 1974.

Maria Stuarda, Sutherland, Tourangeau, Soyer, Morris, Elkins, Chœurs et Orchestre du Teatro Comunale de Bologne, Bonynge, DECCA, 1974/1975.

Requiem, Bruson, Washington, Cortez, Chœurs et Orchestre des Arènes de Vérone, Fackler, CIME, 1980.

Umberto Giordano

Andrea Chénier, Nucci, Caballé, Kuhlmann, Varnay, Ludwig, Krause, Cuenod, Welsh National Chorus Opera, National Philharmonic Orchestra, Chailly, DECCA, 1982, 1984.

Ruggiero Leoncavallo

I Pagliacci, Freni, Wixell, Bello, Saccomani, London Opera Chorus, The Finchley Children's Music Group, National Philharmonic Orchestra, Patane, DECCA, 1977.

I Pagliacci, Dessi, Pons, Coni, Gavazzi, Philadelphia Boys Choir, Orchestre de Philadelphie, Muti, PHILIPS, 1992.

Pietro Mascagni

L'Amico Fritz, Freni, Gambardella, Sardiniero, Chœurs et Orchestre du Royal Opera House de Covent Garden, Gavazzeni, EMI, 1968.

Cavalleria rusticana, Varady, Bormida, Cappucilli, Gonzales, London Opera Chorus, Orchestre National Philharmonic, Gavazzeni, DECCA, 1976.

Wolfgang-Amadeus Mozart
Idomeneo, Baltsa, Popp, Gruberova, Nucci, Storojew, Fontana, Chœurs de l'Opéra de Vienne, Orchestre Philharmonique de Vienne, Pritchard, DECCA, 1983.

Amilcare Ponchielli
La Gioconda, Caballé, Hogdson, Ghiaurov, Baltsa, Milnes, London Opera Chorus, National Philharmonic Orchestra, Bartoletti, DECCA, 1980.

Giacomo Puccini
La Bohème, Freni, Panerai, Harwood, Ghiaurov, Maffeo, Chœurs de l'Opéra de Berlin, Orchestre Philharmonique de Berlin, Karajan, DECCA, 1792.
Turandot, Sutherland, Caballé, Ghiaurov, Pears, Krause, Poli, Palma, le Chœur John Alldis, Orchestre Philharmonique de Londres, Metha, DECCA, 1972.
Madame Butterfly, Freni, Ludwig, Kerns, Sénéchal, Chœurs de l'Opéra de Vienne, Orchestre Philharmonique de Vienne, Karajan, DECCA, 1974.
Tosca, Freni, Milnes, Van Allan, Tajo, Sénéchal, Chœurs de l'Opéra National de Londres, National Philharmonic Orchestra, Rescigno, DECCA, 1978.
Tosca, Kabaïvanska, Wixell, Chœurs et Orchestre de l'Opéra de Rome, Oren, RCA, 1990.
Manon Lescaut, Freni, Croft, Bartoli, Davia, Vargas, Chœurs et Orchestre du Metropolitan Opera de New York, Levine, DECCA, 1992.

Gioacchino Rossini
Stabat Mater, Lorengar, Minton, Sotin, Chœurs et Orchestre Symphonique de Londres, Kertesz, DECCA, 1970, 1971.
Petite Messe solennelle, Freni, Valentini, Raimondi, Chœurs et solistes de la Scala de Milan, Gandolfi, CIME, 1977.
Guglielmo Tell, Milnes, Freni, Ghiaurov, Tomlinson, Jones, Connell, Ambrosian Opera Chorus, National Philharmonic Orchestra, Chailly, DECCA, 1978, 1979.

Richard Strauss
Der Rosenkavalier (Le Chevalier à la rose), Crespin, Jungwirth, Minton, Donath, Wiener, Dickie, Howells, Chœurs de l'Opéra de Vienne, Orchestre Philharmonique de Vienne, Solti, DECCA, 1969.

Giuseppe Verdi

Requiem, Sutherland, Horne, Talvela, Chœurs de l'Opéra de Vienne, Orchestre Philharmonique de Vienne, Solti, DECCA, 1967.

Requiem, Studer, Zajic, Ramey, Chœurs et Orchestre de la Scala de Milan, Muti, EMI, 1987.

Un Ballo in maschera, Tebaldi, Milnes, Resnik, Donath, Monreale, Chœur et Orchestre de l'Académie Sainte Cécile de Rome, Bartoletti, DECCA, 1970.

Un Ballo in maschera, Price, Bruson, Ludwig, Battle, Llyod, London Opera Chorus, National Philharmonic Orchestra, Solti, DECCA, 1982, 1983.

Macbeth, Fischer-Dieskau, Souliotis, Ghiaurov, Cassinelli, Ambrosian Opera Chorus, Orchestre Philharmonique de Londres, Gardelli, DECCA, 1970.

Rigoletto, Milnes, Sutherland, Talvela, Grant, Tourangeau, Ambrosian Opera Chorus, London Symphonic Orchestra, Bonynge, DECCA, 1971.

Luisa Miller, Caballé, Milnes, Giaiotti, Van Allan, Reynolds, London Opera Chorus, National Philharmonic Orchestra, Maag, DECCA, 1975.

Il Trovatore, Wixell, Sutherland, Ghiaurov, Horne, Burrowes, London Opera Chorus, National Philharmonic Orchestra, Bonynge, DECCA, 1976.

La Traviata, Sutherland, Manuguerra, Jones, London Opera Chorus, National Philharmonic Orchestra, Bonynge, DECCA, 1979.

La Traviata, Studer, Pons, Kelly, Chœurs et Orchestre du Metropolitan Opera, Levine, DG, 1991.

Aïda, Chiara, Dimitrova, Nucci, Burchuladze, Roni, Chœurs et Orchestre de la Scala de Milan, Maazel, DECCA, 1985, 1986.

Otello, Kiri Te Kanawa, Nucci, Rolfe, Johnson, Ardam, Metropolitan Opera Children Chorus, Chœurs et Orchestre Symphonique de Chicago, Solti, DECCA, 1991.

Don Carlos, Ramey, Dessi, D'Intino, Coni, Chœurs et Orchestre de la Scala de Milan, Muti, EMI, 1992.

b. Récitals

« Premier enregistrement », Puccini, *la Bohème*, Che gelida manina », *Tosca*, E lucevan le stelle », Verdi, *Rigoletto*, Questa o quella per me pari sono », « La donna e mobile », « Parmi veder le lagrime », Orchestre de Covent Garden, Downes, 1964.

« Pavarotti en concert », airs et mélodies de Haendel,

Scarlatti, Bononlini, Bellini, etc. Orchestra del Teatro Comunale di Bologna, Bonynge, DECCA, 1973.

« Ricciarelli/Pavarotti », « Live » au Teatro Regio di Parma, Verdi, *la Traviata, Aïda, Macbeth, Forza del Destino, I Lombardi*, Orchestra del Teatro Regio di Parme, Patane, CIME, 1976.

« Duo d'Opéra », *la Traviata, la Sonnambula, Linda di Chamounix, Aïda, Otello*, National Philharmonic Orchestra, Bonynge, DECCA, 1976.

« O Holy Night » et 10 chants sacrés, London Voices, National Philharmonic Orchestra, Adler, DECCA, 1976.

« O Sole Mio » et 12 chansons napolitaines, Chœurs et Orchestre du Teatro Comunale di Bologna, Guadagno, National Philharmonic Orchestra, Chiaramello, DECCA, 1977, 1979.

« Mattinata », 14 airs et mélodies de Leoncavallo, Caldara, Pergolesi, Rossini, Gluck, Tosti, etc., National Philharmonic Orchestra, Gamba, DECCA, 1977, 1982.

« Airs Véristes », *Fedora, Mefistofele, Adriana Lecouvreur, L'Africana, Werther, Andrea Chénier, la Fanciulla del West, Manon Lescaut, Iris*, National Philharmonic Orchestra, de Fabritiis, Chailly, DECCA, 1979.

« Freni/Pavarotti », « Live » au Teatro Comunale de Modena, *la Traviata, Werther, I Vespri siciliani, Mefistofele...*, Orchestra dell'Ater, Magiera, CIME, 1979.

« Airs inédits Verdi », *Simon Boccanegra, Ernani, Attila, I due Foscari, I Vespri siciliani*, Orchestre de la Scala de Milan, Abbado, CBS/FONIT CETRA, 1979.

« Live from Lincoln Center », Airs et trios de *Ernani, Norma, la Gioconda, Otello, Il Trovatore*, Sutherland, Horne, New York City Opera Orchestra, Bonynge, DECCA, 1981.

« Mamma » et 15 chansons populaires italiennes, Orchestre et Chœurs du Teatro Comunale di Bologna, Mancini, Griminelli flûte solo, DECCA, 1984.

« Chansons napolitaines », vol. 2, « Passione » et 11 chansons, Orchestra del Teatro Comunale di Bologna, Chiaramello, DECCA, 1985.

« Pavarotti à Carnegie Hall », New York, mélodies de Scarlatti, Stradella, Schubert, Giuda et des airs d'opéra, J. Wustman, piano, DECCA, 1987.

« Volare » et 15 chansons populaires italiennes, Chœurs et Orchestre du Teatro Comunale di Bologna, Mancini, Griminelli flûte solo, DECCA, 1987.

« Les 3 ténors », Carreras, Pavarotti, Domingo, Orchestre du Mai musical florentin, Orchestre de l'Opéra de Rome, Mehta, DECCA, RTL, 1990 (+ de 6 000 000 CD vendus dans le monde).

« Pavarotti and Friends », Zucchero, L. Dalla, Sting, P. Kaas, Orchestre « Arcanyello Corelli », Sisilli, DECCA, 1992, Disque d'Or.

Miserere, Duo avec Zucchero, DECCA, 1992.

COMPILATIONS

« Airs » de *I Pagliacci, Martha, Carmen, la Bohème, Rigoletto, Faust, Tosca, Aïda, Turandot, Il Trovatore*, Orchestres et chefs divers, DECCA, 1983.

« Les airs du grand échiquier », DECCA, 1985, 1er Disque d'Or de Pavarotti en France, Œuvres de Bellini, Donizetti, Puccini...

« Airs de Verdi », *Aïda, Rigoletto, Luisa Miller, I due Foscari, Macbeth, la Traviata, Il Trovatore, Un Ballo in maschera*, Orchestres et chefs divers, DECCA, 1985.

« Anniversary Album », *la Bohème, Andrea Chénier, la Gioconda*, etc., DECCA, 1985.

« Greatest Hits », *Turandot, la Bohème, la Favorita, I Puritani*, mélodies populaires et religieuses, coffret, DECCA, 1985.

« Airs de Donizetti », *la Fille du régiment, l'Elisir d'amore, la Favorita, Il Duca d'Alba, Don Sebastiano, Don Pasquale, Maria Stuarda, Lucia di Lammermoor*, Orchestres et chefs divers, DECCA, 1986.

« Primo Tenore », *Guglielmo Tell, I Puritani, Don Pasquale, Mefistofele, Il Trovatore, la Bohème, l'Arlesina, Maristella*, Chœurs et Orchestre de l'Opéra de Vienne, Rescigno, New Philharmonic Orchestra, Magiera, DECCA, 1987.

« Pavarotissimo », airs et mélodies célèbres, DECCA, 1988.

« Tutto Pavarotti », airs et mélodies célèbres, DECCA, 1989.

« Les plus belles chansons d'amour », DECCA, 1992. Disque d'Or avec RTL.

Table

Prologue 7

1. L'envol 9
2. L'enfant roi 20
3. « Moi aussi je serai ténor » 30
4. A des voix illustres par des voies étroites ... 40
5. Sept ans de réflexion 50
6. Du succès d'estime... au succès et... à l'estime 58
7. L'année des trois grâces 70
8. *Veni, vidi, vici* 80
9. Entracte... et deux ou trois choses sur l'art du chant et les ténors 89
10. La trahison de Rodolfo 97
11. Prises de rôles et prise... de poids ! 105
12. *La Fille du régiment ?* Une fille en or ! 111
13. Pavarottimania 119
14. Shows devant ! 125
15. Dollars, solitude et antidotes 136
16. Un univers impitoyable 145
17. Un rêve de nature au grand galop 153
18. Le temps des disciples 160
19. Images ou mirages ? 166
20. Records, lunes noires et reconquête... 176

ANNEXES

Prises de rôles 183
Discographie 185

Remerciements à Adua et Luciano Pavarotti
Herbert Breslin
Laurent Worms
Eric Adda

Composition réalisée par S.C.C.M. – Paris XIVe

IMPRIMÉ EN FRANCE PAR BRODARD ET TAUPIN
Usine de La Flèche (Sarthe).
LIBRAIRIE GÉNÉRALE FRANÇAISE - 6, rue Pierre-Sarrazin - 75006 Paris.
ISBN : 2 - 253 - 13779 - 0 31/3779/1